エグゼクティブ・リーダーのための100日間アクションプラン

The New Leader's 100 Day

Take Charge, Build Your Team,
and Deliver Better Results Faster

Action Plan

GEORGE B. BRADT　JAYME A. CHECK　JOHN A. LAWLER

著
ジョージ・B・ブラッド
ジェイミー・A・チェック
ジョン・A・ローラー

訳｜中原 孝子

日本能率協会マネジメントセンター

PART 1

エグゼクティブ・リーダーのための 100日間アクションプラン

Chapter 1 成功のためのポジショニング

仕事を得る、自分にとって適切であることを確認する、

Chapter 2 仕事はオファーを受けたときから始まっている

Chapter 3 初日を制する

Chapter 4 文化を発展させる

Chapter 5 コミュニケーションをマネージする

Chapter 6 戦略への転換

謝　辞

　私はこの本を書いたというより、発見したと思っています。なぜなら、この本は、私たちがこれまで影響を受けてきたすべての人々による賜物だからです。私たちはキャリアを通じて、上司、コーチ、同僚、部下、パートナー、顧客など、さまざまなリーダーと接し、行動し、観察し、学んできました。私たちが交流の最後に常に問うことは、次の２つの質問でした。「何が特に価値あるものでしたか？」「どうすればもっと価値あるものになったでしょうか？」

　リーダーのオンボーディング（速やかな職務適応）はリーダーシップの試金石であると認識し、先の２つの質問を投げかけ続けることで生まれたのが、今あなたの手元にあるこの本です。うまくいかなければ、多くの人が苦しむことになります。しかし、うまくいけば、リーダー、組織、チームをポジティブに変化させることができるのです。

　長年にわたって私たちに大変良い影響を与えてくれた人たちすべてに言及するには、別の本が必要でしょう。しかし、私たちの会社PrimeGenesisの過去と現在のパートナーたちの貢献を記しておかないわけにはいきません。この本には、私たちが毎日これらのアイデアに取り組んでいるように、彼らの指紋があちこちに残っているのです。

　特に、PrimeGenesis社の設立パートナーの一人であり、第１版、第２版、第３版を通じた本書の原著者の一人であるジョージ・ペドラザに感謝します。

　私たちは、PrimeGenesisのクライアントにも多くの点で恩義を感じています。私たちは、お客様が我々から学んだことよりも、お客様から我々が学んだことの方が多いことを、最初に認めなければなりません。お客様の秘匿情報を守るためにも、私たちのお客様に関する記載には、個人名や企業名を伏せてあります。私たちは、非常に多様なクライアントと仕事をする機会があり、多国籍企業から小規模企業、上場企業から非上場企業、営利企業から非営利企業まで、実にさまざまなクライアントと仕事をする機会に恵まれています。私たちが仕事をする経営者は、さまざまな業界、考えられる限りほぼすべての分野から集まっています。

世界中のクライアントからも、私たちは新しいことを学んできました。私たちは日々、クライアントに刺激を受け、挑戦し、そして教えてもらっています。私たちのクライアントのリストについては、ウェブサイト（www.PrimeGenesis.com）※で詳しくご紹介しています。

　また、本書のアイデアを熱狂的に受け入れてくれた世界中の読者のおかげで、本書の情報を最新のものに維持するモチベーションを保つことができたことに感謝しています。世界中の読者の皆さんがツールをダウンロードし、また、日常的に私たちと交流してくださるという幸運に恵まれています。たくさんのアイデア、賞賛、建設的な批判、成功談、そして洞察に満ちた質問などをお寄せいただきました。本当にありがとうございました。

　フォーブスの編集者であったフレッド・アレン、そしてジョン・ワイリー＆サンズの編集者であったリチャード・ナラモアに心から感謝します。私たちのアイデアを育て、より良いものにするために、長年にわたって私たちの背中をそっと押してくれたのは、彼ら一人ひとりです。

　そして、最後に、私たちの家族と愛する人たちへ。私たちは、あなた方の絶え間ない励ましとサポートに深く感謝しています。

※本書で紹介するWebサイトおよび各種ツール類は、原著『THE NEW LEADER'S 100-DAY ACTION PLAN』に準拠した英語版です。

　あなたは、次の組織の手綱を取るベテランCEOですか？　最前線のエグゼクティブ・リーダーとしての新しい役割を始める人ですか？　あるいは、その中間？　外部から新しい組織へ入る場合であろうと、内部からの昇進であろうと、事業再生や変革のリーダー、買収に伴うチームの統合などであろうと、この『エグゼクティブ・リーダーのための100日間アクションプラン』は、あなたが主導権を取ってチームを作り、方向を定め、誰もが考えるより早く、より良い結果を出すための助けとなります。

> *シニアレベルで採用されたエグゼクティブの40%が、18カ月以内に失敗したり、辞めたりすることがわかっています。収益の減少という意味でも、人の雇用という意味でも高くつきます。モラルも損なわれます。*
> (Heidrick & Struggles、20,000件の検索に関する社内調査)[1]

　100日後に、重要なステークホルダーが「あの新しいリーダーはどうですか」と尋ねたとき、「陪審員がまだいなくてね」という答えがあったとしたら、それは「陪審する人はいるが、我々はその答えが好きではない」という意味です。
　このような失敗したリーダーは、何を見ず、何を知らず、何を行い、何を実現しなかったのでしょうか。多くの場合、彼らは最初の100日間で、以下のような重要なステップを1つ以上見逃して、自らドツボにはまっているのです。
● うっかり新しい同僚に間違ったメッセージを送ってしまい、文化的に拒絶される原因を作ってしまった。
● 新しい戦略を立てたが、新しいチームの賛同を得られず、信頼関係を築くことができなかった。

---

[1] CEO Kevin Kelly, as quoted in Brooke Masters, 2009, "Rise of a Headhunter," *Financial Times*, March 30.

- 戦略を実行に移したが、結果を出せなかった。
- チームに変化をもたらすのが遅すぎた。
- 誤ったプロジェクトにエネルギーを費やし、ステークホルダーが最も期待をする重要なことを成し遂げられなかった。
- 職務に就いてからの状況変化に適応できなかった。

　リーダーや新しい役割へのトランジション（移行）を成功させるためには、必要な重要ステップを認識することが不可欠です。もちろん新任のリーダーは失敗を望んでいませんが、失敗する確率は驚くほど高いのです。

　例えて考えてみましょう。エチオピアからケニアへ車で向かうとします。モヤレの国境に着くと、入国審査をするために車を降ります。入国審査をクリアしたら、また車に乗り込みます。あなたは、車を発進させ、アクセルを踏めば最終目的地まで進むことができると思うかもしれません。しかし、そんなことをしたら、必ず大きな失敗をしてしまいます。なぜでしょう？

　国境を越えた瞬間から、すべてが違ってくるからです。エチオピアでは右側通行、ケニアは左側通行です。だから、最初にしなければならないのは、左右を入れ替えることです。

　知っているに越したことはないのですが、組織ごとに運転の仕方が違うということは認識しておいた方が良いでしょう。その違いを把握し、調整しなければ、クラッシュすることになるのです。だからこそ、新しい組織に収束し、その組織の不文律や文化的現実を学んでから、旋回して新しい方向に導いていかなければならないのです。

　また、プライベート・エクイティ・ファームが所有するビジネスで事業を行う場合、プレッシャーはさらに強くなる可能性があります。負債や複数のアービトラージ（裁定取引）によってリターンを得る時代は終わりました。競争力のあるリターンを実現するためには、**図0.1**にあるように、オペレーションの改善や増収効果のある買収の統合を通じて、意味のある価値を創造する必要があります。

　当然といえば当然ですが、プライベート・エクイティが所有する企業における経営者の失敗は、平均よりもさらに高くなっています（Bainの調査によると、ほぼ50%）[2]。このような状況では、撤退が通常2年遅れ、46%の確率でリター

---

[2]　Bain & Company, 2015, Global Private Equity Report, p. 56.

図0.1　プライベート・エクイティの構築

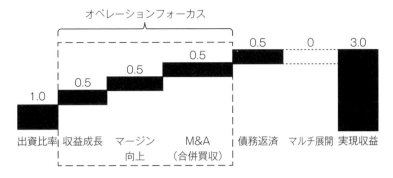

ンが減少し、82%の確率で保有期間が延長されます。

　大企業、新興企業、中堅企業のいずれにおいても、価値の提供は容易ではなく、特に変革とスピードが要求されます。新しい職務に就くリーダーの失敗率は40%であるのに加え、買収の83%は期待通りのリターンを得られず[3]、変革が大成功または完全に成功したと見なされるのはわずか26%に過ぎません[4]。しかし、このようなことは私たちにお任せいただければ、起こりません。

　私たちの基本的なコンセプトは、「オンボーディングはリーダーシップの重要な要素である」ということです。

> リーダーシップとは、意義とやりがいのある共通の目的を実現するために、周囲を鼓舞し、力を与え、力を合わせ、共に絶対的な力を発揮できるようにすることである。

今から2500年以上前、中国の哲学者である老子は、このことを特にうまく表現しています。

**　偉大な指導者は、ほとんど話をしない。彼は決して不用意に話さない。**

---

[3]　KPMG study, reported by Margaret Heffernan, 2012, "Why Mergers Fail," *CBS Money Watch*, April 24.

[4]　Study by Rajiv Chandran, Hortense de la Boutetier, and Carolyn Dewar, 2015, "Ascending to the C-Suite," *McKinsey Insights*, April.

私利私欲を持たずに働き、痕跡を残さない。すべてが終わったとき、人々は「自分たちがやったことだ」と言う[5]。

この『エグゼクティブ・リーダーのための100日間アクションプラン』は、最初の100日、そしてその先の100日において、あなた自身とチームの成功を加速させるためのツール、アクションプラン、タイムライン、そして途中で到達すべき重要なマイルストーンを網羅した、実践的なプレイブック（戦略集）です。

私たちの洞察は、私たち自身のリーダーシップの経験と、私たちの会社であるPrimeGenesisの仕事から得られたものです。

私たちは、重要な移行期において、エグゼクティブとチームがより良い結果をより早く出せるよう支援しています。当社のすべてのクライアントにおいて、100日間アクションプランのアプローチにより、新しいリーダーの失敗率が業界平均の40%から10%未満に減少しています。エグゼクティブ・オンボーディングの上位10社には、180回以上導入されています。

2003年以来、アメリカン・エキスプレスやジョンソン・エンド・ジョンソンなどの上場多国籍企業、マカンドリューズ＆フォーブス、クレイトン・デュビリエ＆ライス、サーベラスなどのプライベート・エクイティ企業が所有する中堅企業、そして赤十字などの非営利組織のリーダーやチームが100日間アクションプランを実行してきました。これらの企業は、経営陣のオンボーディング、事業再生、組織再編、トランスフォーメーション、買収時のリーダーシップチームの統合など、幅広い機能と複雑なトランジションにおいて、このプランを導入しています。

長年、私たちは、多くの新しいリーダーが、新しい役割に向けて幸せな笑顔で現れるものの、特別な計画を持っていないことに気づいてきました。本人も組織も、事前に何も考えていないのです。初日、彼らは次のような自信を育むような雰囲気で迎えられます。「ああ、来たんですね……オフィスを見つけたほうが良いですね」と。

なんと痛々しい！

---

[5] 老子の「道経」の17節を言い換えたもの

賢明な組織の中には、より優れたプロセスを導入しているところもあります。彼らは、リーダーの交代を準備する担当者を置いているのです。新しいリーダーが、コンピューター、パスワード、電話、ファイル、情報、30日間に及ぶオリエンテーションやチームへ同化するためのミーティングのスケジュールなどが完全に準備されたオフィスに案内されたときの違いを想像してください。

　ベターです……が、まだ十分とは言えません。

　たとえ会社がすべてを準備してくれていたとしても、入社初日を待っていたのでは、すでに遅れをとっています。逆説的ですが、新しい職務に就くという複雑な方向転換を加速させる最善の方法は、始める前に十分な時間をかけて計画を練り、早めに実行に移し、先手を打つことなのです。

　リーダーとして、すべてのステークホルダーを共通の目的と目標に集中させ、説得力のある方向性を示し、結束力のあるリーダーチームを構築し、優れた実行を可能にする文化を創造する必要があるのです。

　このように、複雑な状況に置かれたリーダーにとって、これらは最も困難な課題であるうえに、スピードも要求されます。

　プロセスやツールを用意することで、最初の100日間をこれらの課題に対応させ、成功への道筋をつけることができます（**図0.2**）。

　主な考え方は、以下の４つです。

1. スタートダッシュを決める：新しい職務に就いたり、チームを統合したりする場合、初日は極めて重要なポイントになります。どちらの場合も、初日から積極的に行動することで、仕事の進捗を加速させることができます。

図0.2　収斂と発展

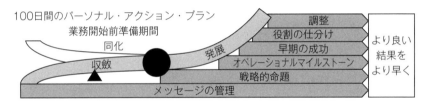

初日までの数日間、数週間の準備が自信を生み、早期の勢いによって大きな効果を生むのです。

2. **メッセージを管理する**：すべてがコミュニケーションになります。人は、あなたの言うこと、やること、言わないこと、やらないことのすべてに、いろいろなことを読み取ります。偶然に任せたり、他人に選択を委ねたりするよりも、他の人が*何*を見聞きし、いつ見聞きするかを選択し、導く方がはるかに良いのです。初日を迎える前に、このプロセスを使って、現時点での最善のメインメッセージを考え、着実に調整しながら進めていきましょう。

3. **方向性を定め、チームを作る**：最初の100日間は、結束力のある、パフォーマンスの高いチームの基本的な構成要素を配置するのに最適な時期です。この100日間で、結束力のある、パフォーマンスの高いチームの基本的な構成要素を整えることができます。チームの賛同を得ること、すなわちチームリーダーであるあなた自身の成功は、チーム全体の成功と密接に関係しています。

4. **勢いを持続させ、結果を出す**：最初の100日間は、コミュニケーション、チームビルディング、コアプラクティスをスタートさせるためのスプリントですが、その後、事態を静観していたのではすべてが無駄になります。自分自身のリーダーシップや実践を続け、点火した火を燃やし続けること、継続的に結果を出すための文化を発展させなければなりません。

　この4つの考え方は、効果の高いチームや組織のフレームワークに基づいて構築されており、本書はそのフローに従って構成されています。先にお伝えしておけば、「見出し」となるのは以下の内容です。

● 高業績のチームや組織は、共有された共通の目的と整合が取れた人材、計画、実践によって構築されている。

● 戦術的能力は、戦略と実行の間のギャップを埋めるものであり、優れた戦略が不適切な実行のために失敗することがないようにするものである。

● チームの戦術的能力を支える6つの構成要素：文化を形成するコミュニケーション、心を燃やす命題、マイルストーン管理、早期の成功、役割の仕分け、そして継続的な発展。

人材・計画・実践

　組織やチームのパフォーマンスは、共有された目的に対して、人材、計画、実践を一致させることに基づいています。これには、強力な人材を適切な役割に配置し、適切な指示、資源、権限、責任を与え、計画に含まれる戦略や行動ステップを明確にし、人々が体系的かつ効果的に協力できるような慣行を導入することが含まれます。そして、その核となるのが、明確に理解され、意義があり、やりがいのある「目的」の共有です。

戦術的能力

　戦術的能力とは、困難で変化する状況下で働き、断固として、迅速かつ効果的に、戦略を戦術的行動に変換するチームの能力のことです。戦略と実行の間の重要な橋渡し役です（**図0.3**）。

　ほとんどの意思決定をリーダーが行い、多くの指示を出し、それを受けてからゆっくりと動くワークグループとは対照的に、強い戦術能力を持つハイパフォーマンスチームは、各メンバーに力が与えられ、チームとリーダーが効果的にコミュニケーションをとり、継続的に発生する避けられない問題に対する重要な解決策を生み出し、それを迅速に実行に移します。

　目指すのは質の高い応答性ですが、それを実現するためには、結束力のあるチームワークが必要です。ハイパフォーマンスのチームは、戦略や計画に基づいて強力な人材と実践を行い、鋭敏に反応して、発展し続ける行動を実行できます。

図0.3　戦術的な能力

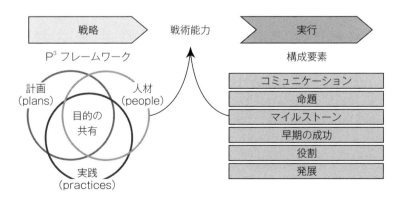

生き残るのは、種の中で最も強い者でもなく、最も知性のある者でもなく、変化に最も敏感な者なのだ。

－チャールズ・ダーウィン

　上からの指示がないと行動できず、バラバラのサイロで活動するメンバーで構成されたチームとなっているような光景を目にしたり、もしくは、そのようなチームに所属していたりしたことはないでしょうか。そういったチームメンバーでも、彼らは、戦略を知っているかもしれません。そして、必要なリソースも揃っているかもしれませんが、彼らは、いかなる変化や変更に対しても麻痺してしまっています。

　FEMA（米国連邦緊急事態管理庁）は、カトリーナが来襲する数カ月前にニューオリンズで大型ハリケーンを想定した訓練を実際に行っていました。しかし、予想とは異なる事態に誰も柔軟に対応できず、洞察力もなかったため、最初の一吹きで計画は破綻してしまいました。

　これとは対照的な戦術的な能力が発揮された素晴らしい例として、アポロ13号が危機に陥った際のNASAのチームメンバーたちの行動が挙げられます。「ヒューストン、問題が発生した」と言った直後から、チームは柔軟かつ流動的に、劇的な好ましくない新しい現実、すなわち宇宙飛行中に起こった致命的な爆発に対応しました。

　チームは、標準的な作業手順や機器が「できるように設計されている」ことを超えて「できること」を探ったのです。その場その場の緊密な連携により、通常数時間かかることを数分で、通常数日かかることを数時間でやってのけたのです。そして、通常数カ月かかる作業を数日で完了させたのです。その戦術的な能力基盤は、クルーを安全に帰還させるために非常に重要でした。

1. チームが構築した文化は強固なものだったが、全員のコミュニケーションによって、「失敗は許されない」というメッセージが、救出作戦の間中さらに強化された。
2. チームの使命は、「月へ行って石を収集する」ことから、「乗組員たちを全員生きて帰らせる」という唯一無二の命題に変わった。これは、あらゆる些細な問題を超越し、全員の努力を集中させる

のに十分な活力となった（「心を燃やす命題」とは常にそうでなければならない）。

3. チームのマイルストーンが明確であった：船の向きを変える、再突入に必要なエネルギーを確保する、一酸化炭素の問題を解決する、地球の大気圏を抜けるなど。

4. 一酸化炭素の修正によって宇宙飛行士の生命維持が可能となり、それが早期の成功となった。それによって、チームはクルーが安全に地球に帰還するための残りの作業を行うことができると信じられるようになり、みんなの自信につながった。

5. 誰もが同じ目的を念頭に置いて働いていたが、それぞれ異なる重要な役割を担っていた。あるグループは、宇宙船を旋回させる方法を考え出した。別のグループは、酸素の問題を解決した。別のクルーは再突入の計算を行い、予備のクルーはミッションの完遂のために必要なことは何でもやった。

6. NASAは、当面の課題と緊急課題を解決した後、リスクを最小限に抑え、パフォーマンスを最大化するための厳格な手法を、今後の標準的な作業手順へと発展させるステップとして組み込んだ。

　アポロ13号のような事態に陥る可能性は低いとはいえ、今日の環境においては、リーダーシップのトランジションはほとんどすべて「ホットランディング」（混乱・交戦状態の最中）であり、成功のチャンスを得るためには、地に足をつけて行動する必要があります。

100日間アクションプラン

　この本の各Chapterで詳述されているように、100日間の行動計画は、リーダーが組織に合流し、共同で作成され情熱を傾けることができる心を燃やす命題によって組織を発展させ、より良い結果をより迅速にもたらすプロセスを概説しています。

スタートダッシュを決める

1. 成功のためのポジションを確立する。仕事を得る。その仕事が自分にとって適切であることを確認する。よくある「地雷」を回避する。

2．正式業務開始前の、準備期間を活用する。仕事は、オファーを受けたとき
　から始まっている。

メッセージを管理する

3．初日を制する。力強い第一印象を与える。赴任のメッセージを確実にする。
4．文化を発展させる。多様性を活かす。
5．リモートチームとのコミュニケーション、特にデジタルでのコミュニケー
　ションをマネージする。

方向性を定め、チームを作る

6．戦略への転換。30日目までに、「心を燃やす命題」を共創する。
7．オペレーションのアカウンタビリティを促進する。45日目までにマイルス
　トーン管理を定着させる。
8．60日目までに"早期の成功"を選択し、6カ月以内に成果を出す。
9．ハイパフォーマンスなチームを作る。70日目までに再編成、採用、育成、
　指導を行う。

勢いを維持させ、結果を出す

10．100日目までに、自社のリーダーシップ、人材、実践、文化を調整し、発
　　展させる。

文化

　リーダーシップとは多くの点で、文化を構築することです。どのように定義
しようとも、文化は組織をまとめる接着剤のようなものです。

　本書は、新しい組織への参加、事業再生、チームの合併といった重要なイベ
ントを、文化の変化と成果を加速させる機会として捉えています。こういった
移行には、リーダーと新しいチームの間、理想と現実の間のギャップを明確に
し、それを埋めることが重要です。

　オンボーディング全体を通じて組織文化を理解し、特に以下の場面において、
意図的に文化を育む必要があります：
● 面接の準備（カルチャーフィットの質問に答えるため）
● デューデリジェンス（組織の事前調査）の完了（組織、役割、個人の地雷

を軽減するため）

● オンボーディングアプローチの選択（ビジネス変化へのニーズと組織文化の変化に対する対応力、そして自身のリスクプロファイルを掛け合わせて選択する）

● 組織文化に合流する

● 組織文化を発展させる

　文化的な要素は、合併後の統合において特に重要です。2009年ポスト・マージャー・インテグレーション・カンファレンスの調査対象者の70%が、統合の際の文化的な配慮が少なすぎていたことを認めており、92%が「文化的な理解が深まれば、合併に大きな効果があった」と回答しています。また、回答者は、文化的な問題の原因として「ターゲットの間違った選択」と「統合への努力に対するリーダーシップの欠如」を挙げていますが、その割合は１：５[6]。これが意味するところは、『文化は重要で、統合は正念場。そして文化の結合にはリーダーシップが不可欠だ』ということです。

コミュニケーション―それは聞くことから始まる

　本書を貫くもう１つの柱は、コミュニケーションです。コミュニケーションに関するガイダンスはすべてのステップ、すべてのChapterに含まれています。

　一部の人々を困惑させるアイデアの１つは、新任初日の前に着任のヘッドラインメッセージを作成することが推奨されていることです。リーダーたちは、着任後の聴き回りが終わっていないのに、どうしてそんなことができるのだろうと不思議に思うと言います。しかし、あなたは、面接やデューデリジェンスの段階で、その組織や優先事項、人材についてかなりのことを学んでいるはずです。もし、あなたがその仕事のオファーを受け、受諾したのであれば、最初のメッセージを作成するのに十分な知識を持っているはずです。その時点で考えうる限りの思考をめぐらし、仮説に基づいたメッセージを作成し、今後の自身の学習の方向性を決めるためにそれを利用しましょう。

　それを踏まえて、「100日間アクションプラン」のステップと本書の各Chapterを紹介します。

---

[6] Clay Deutsch and Andy West, 2010, *Perspectives on Merger Integration*, McKinsey, June.

図0.4　エグゼクティブ・リーダーのための100日間アクションプラン

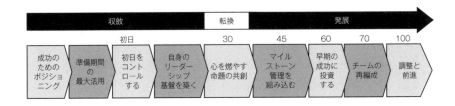

Chapter 1　成功のためのポジショニング：仕事を得る、自分にとって適切であることを確認する、よくある「地雷」を回避する

　リーダーシップは個人的なものです。行動、人間関係、態度、価値観、環境に対する自分の好みと、新しく入る、または創造する新しい文化の間との整合が高ければ高いほど、それらのつながりやあなたの組織化コンセプトはより強固なものになるでしょう。しかし、ここで留意していただきたいことがあります。文化が収束に向かっている間は、あなたが明確に権利を得るまで、自分のアイデアを共有することは避けましょう。エントリーメッセージ（入社時のメッセージ）があなたの疑問に対するガイドとなり、あなたが大切にしていることを、直接的に言わなくても伝えることができるようにしましょう。

　偉大なリーダーたちは、「できる」からではなく、「しなければならない」からこそ、メッセージを実践しているのです。

　「私はここに立っている。他にできることはない」[7]。

　自分の強みや文化的嗜好を知ることで、真に自分に合ったキャリアの選択肢を作ることができ、面接でより良いポジショニングを取り（買う前に売る）、リスクを軽減するためのデューデリジェンスを徹底的に行うことができます。

　また、その過程では、ワークライフバランス、健康やウェルビーイング、人間関係や多様性、公平性と包括性（インクルージョン）、そして、リーダーシップチームとその課題に対する感度に展開される変化に考慮する必要があります。また、リモートやバーチャル環境での文化構築の課題も考慮に入れなければなりません。

Chapter 2　仕事はオファーを受けたときから始まっている：業務開始前の準備期間を活用する

　オファーを受けた時点で、あなたは選択をしたのですが、まだ仕事を始めてはいません。深呼吸してリラックスしたい誘惑があります。しかし、それは禁物です。

　あなたが次に何をするか、初日を迎える前に何をするかで、すべてが違ってきます。ですから、あなたの状況に適した方法を選び、計画を立て、一足先にスタートしましょう。

　図 0.5 は、正しいアプローチを選択するためのいくつかの側面を示しています。「新任リーダー」といっても、新しい会社に入社する場合、社内での昇進や異動の場合、未公開株を保有する企業の経営に加わる場合、国の枠を超えて国際的な任務を担う場合、部門やチームを合併する場合など、アプローチはさまざまです。第二に、ビジネスの状況や文化的な変化に対する準備態勢によって、ゆっくりと同化させ発展させるのか、あるいは、同化させないのか、急速に変化させるのか、ショック療法的に突然変化させるのかの選択も検討が必要です。

　全体的なアプローチと、その状況下におけるリーダーとして異なる行動をと

図0.5　ACES分析

コンテクスト		
強い変革へのニーズ	収斂と発展を素早く行う (Converge and Evolve Quickly)	衝撃を与える (Shock)
今すぐ変える必要性は低い	同化する (Assimilate)	収斂と発展をゆっくり行う (Converge and Evolve Slowly)
	変える準備ができている	変える準備ができていない　文化

---

[7]　1521年、ヴォルムスの国会で、それ以前の著作の撤回を求められたマルティン・ルターが書いたとされる。

る必要があることを選択したあなたは、組織内外の最も重要なステークホルダーを対象とした100日間プランを作成し、メッセージに関するその時点における最善の考え方や、今から初日まで、初日、そして100日目までとそれ以降に何をするのかを明らかにする準備ができています。これらの取り組みには、重要な人間関係と学習を活性化するための事前の会話や、個人的な段取りや設定のさまざまな側面に焦点を当てることが含まれています。

　マスターカードのエイジェイ・バンガは、CEO就任前の準備期間（フロントエンド）を特にうまく管理しました。彼は、就任が発表された後、就任前の時間を利用して、重要なステークホルダーとさりげなく、しかし明確に自己紹介を交わしていました。「こんにちは、私はエイジェイです。あなたのことを教えてください」[8]。

Chapter 3　初日を制する：力強い第一印象を与える、赴任のメッセージを確実にする

　新しい会社への入社、プライベート・エクイティのポートフォリオへの参加、買収の発表など、初日にはすべてが大々的に共有されます。あなたが何を考え、何をしようとしているのか、誰もがそのヒントを求めているのです。人々の唯一の真の疑問は、"この状況が私にとって何を意味するのか"ということです。

　だからこそ、あなたが展開することのすべての意図、象徴すること、ストーリー、そしてそれらを展開する順番に特別な注意を払いながら、メッセージの種をまくことがとても重要なのです。組織の将来について、あなたが信じてほしいこと、感じてほしいことを、人々が見聞きするようにしなければなりません。

　シエラクラブのマイケル・ブルーン事務局長は、特に初日のマネジメントが上手でした。彼は事前にメッセージを考え、それを初日にライブ、対面、ソーシャルメディアを通じて伝え、誰もが彼の考えを理解できるようにしました。複数のコミュニケーション手段をスマートに使い分け、幅広い層の人たちに、それぞれの好みに合わせた方法でメッセージを届けることができたのです[9]。

---

[8]　George Bradt, 2011, "Why Preparing in Advance Is Priceless: How MasterCard CEO Ajay Banga Planned Ahead for His New Leadership Role," *Forbes*, February 23.

[9]　George Bradt, 2011, "Powerful First Impressions:Michael Brune's Day One at the Sierra Club," *Forbes*, March 2.

Chapter 4 文化を発展させる：多様性を活かす

リーダーの役割は、意義とやりがいのある共通の目的を実現させるために、周囲を鼓舞し、力を与え、力を合わせ、共に絶対的な力を発揮できるようにすることです。

なぜ人々があなたに従うのか、あなたは何をするのか、そして、どのようにあなたの後に続く人々を助けるのか、という観点から考えてみてください。リーダーシップ、文化、およびコミュニケーションは密接に関連しているため、このChapterでは、初期の頃からチームの戦術能力を構築するまでの橋渡しをするこれら３つにいかに取り組むかを取り上げ、リーダーシップの基礎を築くことに焦点が当てられています。

多様性、公平性、包括性（DE&Ⅰ）は、「やるべきこと」から「組織が将来生き残るために不可欠なこと」へと変化しています。DE&Ⅰは目標ではありません。理論でもありません。今こそ、それを現実的かつ具体的にする時なのです。

Chapter 5 コミュニケーションをマネージする：リモートチームとのデジタルコネクションの重要性

私たちの100日間プログラムにおける『初日（Day One）』から『心を燃やす命題を共創する』までの間のコミュニケーションの処方箋は、新しいリーダーにとって直感に反した、ストレスとなるものかもしれません。基本的なアプローチは、「『収斂（方向性をまとめる）』と『発展』」です。そして、"心を燃やす命題（バーニング・インペラティブ）"を生み出すまでの時間は、すべて方向性をまとめ、収束させるための時間です。つまり、まだ本格的なコミュニケーション活動を開始することはできないのです。立ち上がって、あなたの新しいアイデアを人に伝えないでください。もしそうすれば、それはあなたのアイデアであり、チームで生み出されたものではなく、チームのアイデアでもなくなります。

ですから、あなたの意見で方向転換する前に、コミュニケーションに関するその時点での最善の考え方を洗練させ、自分の発言だけでなく、質問、積極的な傾聴、行動によってリーダーシップを確立し、文化を変革し始めます。それ

によって方向転換した際に、すべてが変わります。

　リモートワークは今後も続くでしょう。この事実を受け入れ、リモートワークで必要とされる信頼に基づいた新しい方法で人々をリードすることを学びましょう。そのための効果的な方法もお伝えします。

Chapter 6　戦略への転換：着任30日目までに「心を燃やす命題」を共創する

　"心を燃やす命題"とは、チームメンバーが「今やるべきこと」「チームや組織の大きな目標との関係」を明確に定義し、熱意を持って共有され、目的意識を持って緊急に取り組むべきことです。ミッション、ビジョン、バリュー、目標、目的、そしてアクションベースの戦略は心を燃やす命題の重要な構成要素です。そして、そのエッセンスは、誰もが理解し、行動できる「叫び」として明確に表現されます。この叫びをチームと一緒に創り上げ、早期に賛同を得ることが重要です。もちろん、あなたやあなたのチームは、途中でその内容を調整し、改善することができますが、最初の30日間で、まずは実行に移しましょう。

　企業の競争力を高めるには、デザイン、プロデュース、デリバー、サービスの4つの主要な領域があります（**図0.6**）。ほとんどの組織はマーケティングとセールスに加えて、この4つの領域すべてを、ある程度、あるいはそれ以上に

図0.6　コアフォーカス

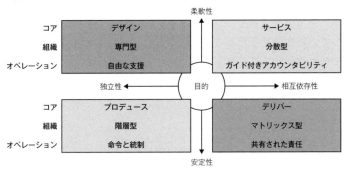

行っているでしょう。この４つのうち、どれが自社のコア・フォーカスであり、主要な差別化要因であるかを軸に、オペレーション、組織、リーダーシップ、文化に関わるアプローチのすべてを整合させる必要があります。

Chapter 7　オペレーション上のアカウンタビリティの促進：45日目までにマイルストーン管理を定着させる

　ハイパフォーマンスチームの戦術的な生産能力は、結果を出す力量において真に試されるものです。その成功に欠かせないのが、オーナーシップや決定権、そして情報の流れの明確化、実行リスクを特定してチームが協力して軌道に乗るようにするといった運用方法です[10]。

　ロイヤル・カリビアンの元CEO、リチャード・フェインはこのように説明しています。

> 　短期的なマイルストーンではなく、長期的なマイルストーンを早い段階で設定しなければ、「来週」症候群に陥ってしまいます。誰もが、「来週か再来週になったらわかるだろう」……と言います。つまり、その時点でフォーカスは、来週、再来週に移行し、その間誰もが待つことになります。その間に、長期的なマイルストーンは道半ばになります[11]。

Chapter 8　6カ月以内に成果を出すために、60日目までに早期の成功を選択する

　早い段階での成功は、信頼と信用につながります。人は、成果を出した人をより信頼するものです。あなたは、チームのメンバーがあなたやチーム自身、そして変革計画に自信を持つことを望んでいるでしょう。もちろん上司にも信

---

[10] Gary L. Neilson, Karla L. Martin, and Elizabeth Powers, 2008, "The Secrets to Successful Strategy Execution," *Harvard Business Review*, June.

[11] George Bradt, 2011, "Royal Caribbean's CEO Exemplifies How to Leverage Milestones," *Forbes*, March 23.

頼されたいでしょう。早い段階での成功は、そのような信頼感を高めます。そのためには、60日目までに実現可能な成果を得るために早急な着手をし、最初の6カ月が終わるまでに、チームとしてそれを実現するための十分な投資をします。

Chapter 9　ハイパフォーマンスチームの構築：70日目までに再編成、採用、育成、指導を行う

　人材を獲得し、育成し、奨励し、計画し、移行することで、組織をより強固なものにします

　　獲得：適切な人材を募集採用し、引き付け、オンボード（早期に戦力化）させる
　　育成：スキル、知識、経験を評価、構築する
　　奨励：指導する、支援する、認知する、報いる
　　計画：モニターし評価し、長期的なキャリアアップを計画する
　　移行：適宜、異なる役割のローテーションを行う

　まず、ミッションを遂行するために、適切な組織と役割を定義することから始めましょう。事業再生、事業転換、M&Aによる統合などでは、複雑性が増すため、さまざまな役割が必要になることがあります。それぞれの重要な役割に必要な人材、知識、スキル、経験について具体的に説明し、適切な人材を配置します。

　"違い"にも注目します。必要なのは、知識に影響を与える「科学的リーダー」、感情に影響を与える「芸術的リーダー」、そして行動に影響を与える「対人的リーダー」の3種類です。この3つは、必ずしも相反するものではありません。チームを構築するために、適切なサポートを受けながら、適切な役割を担う人材を獲得し、チームをジャンプスタートさせましょう。

Chapter 10　100日目までに、自社のリーダーシップ、人材、実践、文化を調整し、発展させる

　100日後までに、あなたは計画を立て、初日までの時間を活用して素早く学

び、主要なステークホルダーと強固な関係を築き、社風を変え、新しいオーディエンス（上、下、横）に明確なメッセージを伝えて、初期の印象を強くしていることでしょう。そして、説明責任を果たすためのマイルストーン管理方法を確立し、早い段階での勝利を目指していることでしょう。では、次はどうすれば良いのでしょうか？

次の4つの重要な領域で、継続的な進化のプロセスを進めましょう。

1. **リーダーシップ**：100日という節目は、自分自身のリーダーシップについて自己評価を行い、フィードバックを得る良い機会です。これにより、*何を維持し、何を止め、何を始めれば*チームや組織全体に対してさらに効果的になれるかを判断できます。

2. **人材**：状況の変化に合わせて、人材と関連するプロセスをどのように発展させるかを決定します。

3. **実践**：状況の変化に対応するための実践をどのように発展させるかを決定する好機となります。人材、計画、業績管理、プログラム管理などに関連する実践に焦点を当てる必要があります。

4. **文化**：最後に、100日後、文化に関するあなたの洞察力は、始めたときよりも鋭くなっていることでしょう。また、文化をどのように*発展させたいか*についても、より明確になっているはずです。今こそ、最も大きなギャップに目を向け、最大の競争力となる勝利の文化を創造し、維持するための計画を実行に移す時です。

リーダーシップ、実践、文化を発展させることで、あなた自身とあなたのチームは、より早く、より持続的に、より良い結果を出すことができるようになります。

ウォルマートのCEOであるマイク・デュークは、すべての人は常に新しいリーダーであることを知っています。だからこそ、組織のチェンジマネジメントは、彼の人生の中で継続的に行われているのです。ウォルマートのマーチャンダイジングがうまくいかなかったとき、マイクは、2010年のホリデーシーズンに期待される結果を出すために、ヘッドマーチャンダイザーを交代させ、ホリデーシーズンのマーチャンダイジング手法を全面的に見直し、次の四半期の決算発表でその変更を発表しました[12]。

Chapter 11　新しい取締役会の管理

　取締役会は、監督、重要な意思決定の承認、助言を行いますが、経営陣は、戦略、運営、組織に対する説明責任を負います。CEOとして、デロイトの7つのステップに従いましょう。

1．CEOの皆さん、すべてはあなた次第です—取締役会のマネジメントに積極的な役割を果たす
2．大胆不敵に透明であること—オープンで謙虚であること
3．緊張感を利用する—議論を通じて成長する
4．取締役会だけでなく、取締役会の経験を促進する—時間をかけて関係を構築する
5．十分で、多すぎない量の情報を提供する
6．重役にするか、しないかをよく考え、自分の影響力のレベルを選択する
7．取締役会の構成—時間をかけて正しい取締役会を構築する

　ここでは、「取締役会の2ステップ」が大いに役立ちます。
　ステップ1：意見を求める。そして、彼らが自分たちだけでなく、他の人と話したり、オフレコで意見を述べたりできるように、その場を離れる。
　ステップ2：彼らの意見を考慮し、議論を促しながら、推奨された進むべき方向への承認を得る。

Chapter 12　M&Aをリードする

　合併や買収などを主導するのは、価値創造を加速させるためです。収益が2倍以上になり、初期投資の何倍ものリターンが得られることを期待しているのです。あなたは、その投資を推進し、あるいは主導しているかもしれません。あるいは、事業そのものをリードしているか、サポート役を担っているかもしれません。いずれにせよ、合併・買収には、専用のリーダーシップ・プレイブックが必要です。私たちのプレイブックは14のステップで構成されています。

---

[12] George Bradt, 2011, "Walmart CEO Mike Duke Shifts Approach," *Forbes*, March 1.

1. まずは**投資案件**、つまりプレイブックを作成する際の核となる部分から始める。
2. 望ましい結果が得られないM&A（合併・買収）の83%に含まれるリスクを低減する方法で**取引を**行う。
3. 成功のための重要な要素について、**十分に吟味する**。
4. 新しい社員が新しい組織の価値ある参加者となるために、契約が成立する前に**文化的統合**の準備を始める。
5. 取引の完了やキックオフの前に、**主要なリーダー**を選ぶ：ビジョンを共有し、統合オフィスの立ち上げも含めて、彼らの足並みを揃える。
6. リーダーとともに顧客、人材、コストの順に焦点を当て、成功のための**計画を立てる**。
7. **政治**をマネージする：現在のリーダーと新しいリーダーが組織的・個人的に知っておくべきことは何か。
8. **段階的な告知**をうまく使って、初期の地雷を回避する。
9. 自分が考えているよりずっと早期に適材適所（適切な**人材**を適切な役割に）の配置をすべきである。
10. **チェンジマネジメント**の基本を展開し、周囲を鼓舞し、力を与え、力を合わせる。
11. **コスト**削減をテコに、オペレーション、実行、財務の各プロセスを飛躍的に向上させる。
12. 双方向の**コミュニケーション**を継続する：コミュニケーション・キャンペーンに終わりはないため、コミュニケーションをとりすぎるということはない。
13. 途中で**調整する**：投資案件を実現するために、どのように識別し、優先順位をつけ、適切な行動をとるか。
14. **次の段階に進む準備**として、他企業の買収を成功させる、または、売却や流動性の確保を行う。

Chapter 13　事業再生を導く

　事業再生や変革のきっかけが何であれ、あなたはその可能性に胸を躍らせるとともに、そのリスクを心配する必要があります。変革の 70 ％は、期待通りの成果を上げることができません[13]。だからこそ、自分たちのやり方を大きく変え、成功を加速させ、同時にリスクを軽減させる必要があるのです。

　事業再生を指揮するリーダーとしての役割を果たすにあたり、6つの重要な成功のマインドセットを意識してください。

1．声高に発言し、コミュニケートする
2．期待値を理解し、一致させる
3．迅速かつ果断に行動する
4．過剰なまでにコミュニケーションをとる
5．イノベーションのために過剰投資をする
6．謙虚に加わり、自信を持って去る

それから、次の5つのステップを踏んでください。

1．**触媒を定義する**：状況の変化を見極め、何が変革の必要性を引き起こしているのかを明確にする。
2．**勝つための戦略を再構築する**：企業のコア・フォーカス、ミッション、ビジョン、目標、目的、新しい全体戦略、戦略的優先事項、成功要因、能力、文化について合意する。新しい戦略がもたらす変化の度合いを理解し、計画する。
3．**成功のための組織を再編成する**：新しい戦略に沿って、新しい組織体制と将来の能力計画を作成する。新しい取り組みを迅速に開始し、維持するためには、正社員と臨時社員の両方が必要になる。
4．**オペレーションのリズムを強化する**：優先順位を毎年、プログラムを毎月、プロジェクトを毎週、適切に追跡・管理するために、より強力なマネジメントのリズムを導入する。
5．**学習とコミュニケーションを埋め込む**：新しい業務フローや管理体制に

---

[13] Rajiv Chandran et al., 2015, "Ascending to the C-Suite," *McKinsey Insights*, April.

合わせて、目的志向の学習・コミュニケーション活動を展開し、１年半以上のタイムラインを描いて、長期的な変化を導く。

Chapter 14 危機を切り抜ける：100時間アクションプラン

危機を乗り切るためのリーダーシップとは、方向性、リーダーシップ、役割を明確にして、漠然とした物事をすぐに正しい方向に導き、途中で適応できるように他の人を鼓舞し、力を与え、力を合わせることです。

これは、組織の全体的な目的に沿って、次の３つのステップで規律正しく反復して行います。

1. **事前に準備をする**：起こりうるシナリオを想定しておけばおくほど、危機が訪れたときに自信を持って対応できる。
2. **出来事に反応する**：準備の理由は、直面しそうな状況に素早く柔軟に対応できるようにするため。考えすぎずに、準備したことを実行する。
3. **ギャップを埋める**：危機的状況では、望ましい状態と現状との間にどうしてもギャップが生じる。そのギャップを埋めることで、それを是正する。
   - 状況―現在の危機への対応策を実施する
   - 反応―将来の危機に対応するための能力を向上させる
   - 予防―将来起こりうるリスクを減らす

その際、最終的な目的を常に念頭に置いてください。危機から脱出するのではなく、危機を切り抜けるために、短期的、中期的、長期的な観点から、最終的な目的を意識して行動する必要があります。

危機はあなたの組織を変えます。

危機の際に行う選択が、あなたの目的や望む文化に近づくように、そしてあなたの基本的なビジョンと価値観から逸脱しないように注意してください。

この本を役立つものにするために

　ここまで読んでいただいたなら、移行期をマネージするには、漫然と初日に現れたり、昇進の発表の場や新しく統合されたチームに突入して指示通りの行動をこなしたりするよりも、もっと良い方法があるかもしれない、ということに気づいていただけたのではないでしょうか。同じように、この本にも、1ページ目から始めて、気が抜けるようになるまで読み続けるよりも、もっと良い方法があるかもしれません。

　この本は、（1）本編、（2）ダウンロード・編集可能な英語版ツール、（3）primegenesis.com/toolsにある、より詳細なメモとコンテンツの3つの部分に分かれており、柔軟なプレイブックとして設計されています。Chapter 2にある100日間ワークシート（ツール2.1）、あるいはウェブサイトにある100日間ワークシートのサンプルから読み始めるのも良いでしょう。各Chapterの要約からでも、本文をそのまま通しで読み始めても構いません。ご自身に合った方法で、この本を活用してください。

　この本についてよく言われるのは、「常識的なことが書かれているけど、でも、この構成は良いね」ということです（ある人は、"毎朝、出勤前にシャワーを浴びながら行っているクリティカルシンキングのセッションをすべてまとめてくれた！"と言っていました。あなたにとってはどうでしょうか、想像してみてください）。

　いずれにせよ、この本で私たちは、他の人が期待するよりも迅速に物事を行うよう、あなたを急かしていることに留意してください。「100日間アクションプラン」は、大きな期待に素早く応えなければならない、あるいは大きな期待に勝たなければならない、重要な状況に置かれた新人リーダーのニーズに基づいていますが、何らかのカスタマイズをしなければ、あなたの状況には適さないかもしれません。私たちは、あなたにオプションと選択肢を提示しています。あなた自身が責任者です。新しいリーダーとしての役割を成功させるために、私たちはあなたを応援しています。本書が、あなたとあなたのチームが、誰もが想像していたよりも早くより良い結果を出すための一助となることを願っています。

ツール

すべてのツールの最新版、完全版、編集可能版は、primegenesis.com/tools
からダウンロード可能です。英語版ですが、ご活用ください。

Chapter 1
1.1　BRAVEカルチャーアセスメント
1.2　6C状況分析
1.3　SWOT分析
1.4　リスクアセスメント

Chapter 2
2.1　パーソナル面の100日間ワークシート
2.2　コンテクストアセスメント
2.3　コンテクスト／カルチャーマップ
2.4　リーダーシップの変化
2.5　コミュニケーションプランニング
2.6　オンボーディングの会話でのフレームワーク
2.7　パーソナルセットアップ：引越しのチェックリスト
2.8　オフィスセットアップチェックリスト
2.9　段階的な告知

Chapter 3
3.1　初日のプラン
3.2　新リーダーの同化セッション

Chapter 4
4.1　文化発展のロードマップ

PART

1

エグゼクティブ・リーダーのための100日間アクションプラン

成功のための
ポジショニング

仕事を得る、自分にとって適切であることを確認する、
よくある「地雷」を回避する

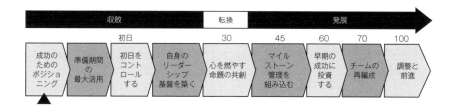

新しいリーダーが成功を収めるための、本書の主な考え方は次の4つです。

1. スタートダッシュを決める
2. メッセージを管理する
3. 方向性を決め、チームを作る
4. 勢いを持続させ、結果を出す

　成功を目指すにあたり、リーダーシップとは個人的なものであることを知っておきましょう。あなたが伝えるメッセージは、個人的な結びつきを解き放つ鍵となります。行動（Behaviors）、人間関係（Relationships）、態度（Attitudes）、価値観（Values）、環境（Environment）の「BRAVE」における好みと、新しい文化・カルチャーに参加したり創造したりする際の好みが適合すればするほど、それらの結びつきは強くなります。

だからこそ、最高のメッセージは作り込まれたものではなく、結びつきから“出現する”ものなのです。偉大なリーダーたちが、我々は「できる」というメッセージではなく、「しなければならない」というメッセージを発信しているのもこのためです。「私はここに立っている。他にできることはない」[1]。

文化（カルチャー）とは、その構成員の性格の集合体です。自分自身のBRAVEに関する好みを理解することは、自分の性格を理解し説明するのに役立ちます。そうすることで、新しい組織との相性や、あなたがその組織の文化にどのような影響を与えることができるかを把握できます。

その際、職場環境（リモートと対面）、ワークライフバランス、多様性・公平性と包括性（インクルージョン）、新しい世代の労働力とリーダー層の統合など、進化するトピックに対するご自身の視点を考慮するようにしてください。どれが自分にとって重要で、どれがそれほど重要でないか、自分の好みや性格が時間とともにどう変化してきたか、立ち止まって考える時間を持ちましょう。自分のBRAVEに対する好みと、活躍できる組織の文化との間に、どのような重なりがあるかを明確にしましょう。

自分の強み、モチベーション、好みを知ることで、自分に合ったキャリアの選択肢を作り、面接で効果的に自分をアピールし（買う前に売る）、的を射た事前調査（デューデリジェンス）でリスクを軽減させることができます。

カルチャーファースト

多くの点で、リーダーシップとは文化を構築することであると言えます。どのように定義しようとも、文化は組織をまとめる接着剤のようなものです。文化は、新しいリーダーの就任、M&A後の組織の統合、重要な外部事象など、極めて重要な出来事によって影響を受けます。このような時こそ、企業文化の変革を加速させ、より良い成果を生み出すチャンスなのです。企業文化の変革とは、組織のミッションや目標を達成するために、現状と望ましい状態とのギャップを埋めることによって、チームをより良い状態にすることです。

文化の違いが大きければ大きいほど、適応や変革はより困難になります。最

---

[1] 1521年、ヴォルムスの国会で、それ以前の著作の撤回を求められたマルティン・ルターが書いたとされる。

も重要な文化の違いを理解し、時間をかけてそのギャップを埋める計画を立てることが、真の力になるのです。

　ある人は、文化を単に"ここでのやり方"と定義します。また、より科学的に定義するために、複雑な分析を行う人もいます。ここでは両方の考え方を融合し、文化を組織の行動、人間関係、態度、価値観、環境（BRAVE）として定義し、実行可能なアプローチにしています。このBRAVEフレームワークは、文化を特定し、関与させ、変化させるために比較的容易に適応できますが、確かな方法です。文化を現実的で、具体的で、識別可能で、話しやすいものにしてくれます。

　表1.1に示すような5つの質問で、BRAVEの構成要素の外側からアプローチすると効果的です。文化の各要素を評価する際には、絶対的な尺度ではなく、1〜5までの5段階式で考えてください。それぞれの文化的要素における具体的な程度は、状況によって異なる可能性があります。**ツール**1.1の構成要素と程度の尺度が参考になるでしょう。

　最初の100日間、そしてそれ以降に展開するほぼすべての行動、ツール、コミュニケーションにおいて、文化への影響は不可欠な検討事項です。多くの組織の専門家は、文化こそが、組織にとって長期的に持続可能な唯一の競争優位性であると主張しています。

表1.1　BRAVEのフレームワーク

構成要素	質問	最重要点
環境（Environment）	どこで勝負をするか？	（コンテクスト）
価値観（Values）	何が重要で、なぜ重要なのか？	（目的）
態度（Attitudes）	どうすれば勝てるのか？	（選択肢）
人間関係（Relationships）	どのようにつながりを作るか？	（影響力）
行動（Behaviors）	どんなインパクトがあるのか？	（実行）

文化に注目すべき場面

　エグゼクティブ・リーダーのための100日間アクションプランでは、特に次の場面で文化を考慮する必要があります。

- 面接の準備（カルチャーフィットに関する質問に答えるため）
- デューデリジェンスを完了させるとき（組織、役割、個人の地雷を軽減するため）
- あなたの組織に対するオンボーディングアプローチの選択時（ビジネスの変化に対するニーズと文化の変革に対する準備具合を比較することによって）
- 組織の文化を収斂させるとき
- 組織の文化を発展させるとき

　つまり、あなたはあなたのとる・とらない選択が文化的にどのような影響を与えるかを、リーダーとしての最初の100日間とその直後だけではなく、いつまでも考え続ける必要がある、ということです。

　オンボーディングの全ステップにおける文化についての議論はprimegenesis.com/toolsのツール1A.10を参照してください（本書と同じ内容を、BRAVE文化について1つのツールにまとめています：英語版）。

買う前に売る

　新しいリーダーポジションを確保するためには、通常、面接が必要です。その際、次の3つのことを忘れなければ、どんな面接も突破できるはずです。

1. オファーを受けていない内定を断ったり、受けたりすることはできない
2. 面接での基本的な質問は3つしかない
3. 面接での基本的な答えは3つしかない

1. オファーを受けていない内定を断ったり、受けたりすることはできない

仕事を受ける前に、まずオファーを受ける必要があります。オファーを受けて初めて、受けるべきかどうかを判断できます。正しい順序を守りましょう。まずは内定を得ることに集中します。内定をもらう前にその仕事が決まったと想像したり思い込んだりすると、自身のエネルギーを現実から遠ざけてしまい、時間を無駄にすることになります。内定をもらってから、アプローチを変えるべきです。

　面接のプロセスであなたがすることはすべて、相手が自分に仕事をオファーしてくるように設計されていなければなりません。それには、相手の質問に対するあなたの答えだけでなく、相手に対するあなたの質問も含まれます。この段階では、あなたの質問は、あなたがその仕事をしたいかどうかを決めるためのものではなく、相手があなたに仕事をオファーするかどうかを決めるためのものなのです。まず自分を売り込む。オファーを獲得する。そして、オファーを受けてから初めて、その仕事が自分に合っているかどうかを判断するのです。

２．面接での基本的な質問は３つしかない

　面接においてされる質問は、３つしかありません。どの面接でも聞かれる質問は、以下の３つの基本的な質問のうちの１つのサブセットなのです。

① （この）仕事ができるのか？
② この仕事を愛せるか？
③ あなたと一緒に仕事をすることを、私たちが許容できるか？

　これら３つの質問を、より昔ながらの表現で尋ねると次のようになります。

① あなたの強みは何か？
② この仕事をするとき、モチベーションは上がるのか？
③ あなたはこの仕事にフィットしていると感じるか？

　つまり、「強み」「モチベーション」「フィット感」です。質問の仕方はさまざまですが、どの質問も、どのような表現であれ、これらのうちのバリエーションに過ぎません。質問されるたびに、これら３つのうち、どれを本当に問わ

れているのかを判断するのが、あなたの仕事です。

3．面接での基本的な答えは3つしかない

面接の基本的な質問が3つしかないということは、面接の基本的な回答も3つしかありません。面接でのすべての答えは、以下の3つの答えのサブセットであるべきでしょう。

① 私の強みは、この仕事にマッチしている
② 私のモチベーションは、この仕事とマッチしている
③ 私はこの組織に向いていると思う

この3つです。質問に対する答えはもっと凝ったものになりますが、答えは常にこの3つのうちの1つを着飾ったものになるでしょう。

面接の質問は3つだけ、そして答えも3つだけですから、あらかじめ3つの答えを用意して、自分にどんな質問をされているのかを認識すれば良いのです。そうすれば、どんな面接でもエースになれます。しかし、面接のたびにこれらの答えを準備するのは、想像以上に大変な作業です。面接は、解決策を提案する演習です。あなた自身についてではなく、面接官のニーズや問題点についてのソリューションなのです。面接のプロセスは、組織やオーディエンスの間の問題を見聞きし、解決する能力を示すチャンスだと考えてください。

面接官が問題に適切に対応しているなら、狭く定義された問題（と解決策）を超えて、より広い基準（強み、モチベーション、フィット感）にわたって技術的な専門知識を求めているはずです。面接官が自分のしていることをよく理解していない場合は、物事を正しく見るように仕向けることもできます。しかし、どのような場合でも、解決策は彼らの視点から提示されなければなりません。熟慮された事前準備が、イエスかノーかの決め手になることもあるのです。これは厄介なことですが、時間をかける価値はあります。

質問1：あなたはその仕事ができますか？　というより、あなたの強みは何ですか？（強み）
回答1：面接官にとって短期的・長期的に最も重要な分野におけるあなたの強

みを強調する状況・行動・結果の例を３つ用意します。ポジションについての説明や採用担当者、面接官から学んだことだけでなく、最近の出来事（競合他社の動き、市場の変化、経済情勢、政策、グローバルシフト、政治的変化、危機、その他）なども考慮し、職務に必要な要件の変化を示すことも必要かもしれません。

　一方で、直感に反するかもしれませんが、90％の場面で不採用になるように努力しましょう。あなたの目標は、あらゆる仕事のオファーを受けることではありません。あなたの目標は、正しい仕事を得ることです。一般的な６割の仕事に適していると見えることではなく、９割の仕事には向いていないかもしれないけれども、１割の仕事に対して"必須"の候補者であるように見えることです。面接では、「強み」「モチベーション」「フィット感」を中心に答えれば、生まれつきの才能、学んだ知識、実践してきたスキル、苦労して得た経験、文化的なフィット感をもとに、仕事を獲得することができます。そのような仕事こそ、あなたが真に活躍できる場なのです。

質問２：その仕事を好きになれますか？　というより、何をしたいですか？（モチベーション）
回答２：応募している職務が、あなたにとって最も重要なこととどのように合致しているかを論じることです。賢い面接官は、まず「なぜこの仕事をしたいと思うのですか？」と質問するでしょう。そしてあなたが人のためになること、得意なことをすること、自分のためになることのどれをより重視しているかを、瞬時に判断するでしょう。面接を受ける人や組織にとって、自分の何が違いを生むのか、明確に結びつけて答えるようにしましょう。

質問３：私は、あなたと一緒に楽しく仕事ができるでしょうか？　どんな人と一緒に仕事をするのが好きですか？（フィット感）
回答３：行動、人間関係、態度、価値観、環境に対するあなたの好みが、組織の文化とどのように一致しているかについて意見を交わしましょう。

　役割の詳細が明確でない場合には（よくあることですが）、特定の問題の解決やニーズ、目標に取り組むために結成された新しいチームやそのリーダーの面接を受けると想像することも有効です。経営コンサルタントのように意思決定者やチームメンバーが問題やニーズを理解するのを助け、あなたの指揮のも

とで正しいことが行われるという確信を与えることが、採用される候補者となる条件かもしれません。

　より深層の質問に関する議論は、primegenesis.com/toolsで見つけることができます。

心にとどめておきたいヒント

　すべてのことがインタビューの部分を成す：あなたの言動がすべてビデオに撮られ、最終決定者に見せられると想像したらどうでしょう。つまり、組織内のすべての人とのすべてのやり取りを、自分の強み、モチベーション、フィット感を強化する機会として活用すべきだということです。オファーが出るまでは、オファーを勝ち取ることがすべてです。

７つの致命的な地雷

　新しい職務に就いて最初の100日間には、"地雷"がたくさんあります。本物の地雷がそうであるように、地雷はたいてい隠れていて、手遅れになるまで発見されないことが多いものです。地雷の存在に気づき、発見する方法を学ぶことで、地雷が爆発する可能性を抑えることができます。また、地雷を安全に解除する方法を学べば、成功への近道となることでしょう。

　地雷は常に存在しますが、100日目に至るまで、そしてそれ以降も、地雷はいとも簡単に隠されてしまいます。リーダーとしてトランジションの最中はもちろん、その後も常にこれらの地雷を軽減していかなければならないことを知っておいてください。

警告！

　以下では地雷について１つずつ説明していきますが、地雷は複数存在することが多く、互いに影響し合うこともよくあります。１つのリスクにさらされることで他のリスクも高まり、失敗が独自の恐ろしい勢いを持ち、しばしば止められないほどの勢いで進むことがあります。

加えて、面接が対面ではなくリモートであったり、組織の外部環境が安定的ではなく変化しやすい場合であったり、面接チーム間での断絶がある場合などは、地雷の診断が困難です。このような状況では、社内外の複数の視点を収集することを心がけましょう。

地雷１．組織
　明確で簡潔な差別化された勝利をもたらす戦略の欠如は、組織の地雷となります。

　沈没する運命の船には乗りたくないものです。このリスクを負って成功し、事業再生の一翼を担おうとする人もいます。事業再生の専門家として、まずは組織に大きな変化を素早く起こす必要があるとわかって組織に入るのは、１つの方法です。しかし、あなたが事業再生の専門家でもなく、組織としてそのスキルが必要とされているにもかかわらず、そのことに気づいていない組織に入ってしまうと、最悪の事態に陥る可能性があります。

　　[不安の軽減・その状態の解消に最適なタイミング]：仕事を受ける前
　　[好ましくない状態の解消法]：早い段階で、頻繁に、社内外の関係者
　　に厳しい質問をする

地雷２．役割
　期待、リソース、主要なステークホルダーが一致していなければ、役割に関する地雷に遭遇することになります。新しいリーダーはしばしば、期待が非現実的であったり何らかの理由で実現できない、最初から事実上不可能な仕事に足を踏み入れることも多いのです。

　このような地雷は、リーダーが組織にとって新しい役割を担い、既存の組織機能や部門との「中間に位置しなければならない」場合に特によく見られます。

　　[不安の軽減・その状態の解消に最適なタイミング]：仕事を受ける前
　　[好ましくない状態の解消法]：自分の（1）役割と責任（2）成果物、
　　（3）スケジュール（4）意思決定権（5）相互作用（6）必要な資源へ
　　のアクセスに矛盾や不明点がないかを確認する

地雷３．個人的な側面
　個人的な地雷とは、あなたが新しい仕事に持ち込むものです。地雷は、自分

の強み、モチベーション、仕事へのフィット感に大きなギャップがある場合に発生します。多くのエグゼクティブは、自分の強みが特定の職務にうまく適合していると思い込んでいますが、実際はそうではありません。強みに関する思い込みは通常、過去の成功体験に基づいており、強みと特定の状況とのマッチングを深く調べることはありません。新しい仕事は、以前の仕事と似ているように思えるかもしれませんが、全く新しい力学を必要とする場合があります。この要因を見逃すことで、リーダーはしばしば、新しい役割で成功するために不可欠な、ある種の強みを自分が持っていないことに気づかないままとなります。しかし、あなたはそのようなリーダーではありません。

　　[不安の軽減・その状態の解消に最適なタイミング]：仕事を受ける前
　　[好ましくない状態の解消法]：自分には本当にその役割で成功するために必要な強み、モチベーション、フィット感があるのか、厳しい質問を自分に投げかける

地雷４．人間関係

　上下横断の重要な関係を特定し、関係を確立し、維持することができなければ、人間関係の地雷に遭遇することになります（地雷が密集している場合もありますし、地雷が連続して発生する場合もあります）。重要な関係とは、あなたの成功に利害関係を持つ、または影響を与えることができる人たちのことです。これらのステークホルダーは、あなたの組織の上にも下にも、あるいは横にも存在する可能性があります。

　他の重要なステークホルダーや外部の有力者のニーズや課題を見逃した場合、何らかの影響を受ける可能性は十分にあります。問題は、影響が広がり始めている事態に気づかないことです。しかし、このようなことは、あなたの存在や意識とは無関係に、独自の生命と勢いを得ます。直属の上司と生産的なチームワークを築くための努力が不十分である場合などに、地雷はしばしば発生します。また、上層部の期待値が不明確なまま放置されていたり、頻繁に変更されたりするような場合は、地雷の危険性が高まります。また、準備やコミュニケーションのフォローが不十分な場合も、地雷を作動させる主犯格になりがちです。

　人間関係の地雷は、多くのエグゼクティブがまったく気づかないうちに潜んでしまいます。この*地雷*が特に厄介なのは、地雷を踏んでから数カ月、あるい

はもっと長い期間、爆発しないことがあるからです。さらに悪いことに、重要なステークホルダーや、重要なステークホルダーであるはずの人物を無視したために、地雷に足を踏み入れてしまうこともあるのです。「ああ、とにかく忙しくて彼女に連絡が取れなかった」「あれ？　彼はこの件に関わっているのか？　彼は投資家向け広報の責任者じゃないか！」といった具合です。

　人間関係のリスクは、変革の担い手として迎え入れられた人々にとっては、特に深刻です。こうした人たちは、しばしば、自分が組織の救世主であるという英雄的なメンタリティーを持ってやってきます。これは必ずしも問題ではありませんし、時にはその通りでもあります。問題は、新しいリーダーがあたかも自分が救世主であるかのように振舞うときに起こります。そんな姿は誰も見たくありません。救わなければならない状況の一部になっている人たちにとっては、特にそうです。「救世主」になってはいけません。チームリーダーであるべきです。歴史をみるとわかるように、家に帰ることができずに死んでしまった英雄がなんと多いことでしょうか。

　　[不安の軽減・その状態の解消に最適なタイミング]：仕事の受諾から開始までの間、仕事の継続中

　　[好ましくない状態の解消法]：360度回転する人間関係コンパスを起動し、潜在的な課題や地雷を発見するためのガイドとして使用する。自分の成功に欠かせない人物を見逃していないか、ステークホルダーリストを上下左右、継続的に評価する。上司、人事部、親しい同僚、そして採用担当者が、誰に対してあなたの配慮が不十分か教えてくれることがある。遠慮なく尋ねよう

地雷5．学習

　もしあなたが6つのC（顧客Customers、協力者Collaborators、文化Culture、能力Capabilities、競合Competitors、条件Conditions）の重要情報を把握できていなければ、学習上の地雷を積極的に作り出してしまうことになります。経営者は、しばしば特定のCの重要性を見落としたり、1つまたは複数のCの重要性を見誤ることがあります。もし、あなたに各Cについての学習プランがなければ、地雷を見逃す可能性が非常に高まります。

　知るべきことを知らない、または、知らないことを知らないことはさらに最悪です。それでは間違いなく地雷だらけになります。では、何を知る必要があ

るのでしょうか。少なくとも、6つのCのそれぞれについて、特にあなたのビジネス上の真のバリューチェーンについて、重要な情報を知っておく必要があります。このガイドラインに沿って6Cを分析すれば、地雷というリスクを大幅に軽減することができます。

　学習は不可欠なものです。そして「あの人は学ぶことに積極的な人だ」と思われることは、学ぶことそのものと同じくらい重要です。皆さんも一度は耳にしたことがあるでしょう。「まず理解しようと努めよう」[2]、「答えを持ってやってくるな」[3]、「知恵は不思議に思うことから始まる」[4]——さまざまな形で繰り返し聞かれることですが、それが確かなアドバイスだからです。心しましょう。あなたは学ぶ必要があり、「ビジネスに関する難題」だけでなく、意思決定プロセスやコミュニケーションスタイルなど、文化的な要素についても、学ぶことに貪欲であると思われることが必要です。

　　[不安の軽減・その状態の解消に最適なタイミング]：仕事の受諾から
　　開始までの間、仕事の継続中、特に最初の60日間
　　[好ましくない状態の解消法]：6つのCを徹底的にマスターするため
　　に、複数のソースからインプットされる継続的な学習キャンペーンを
　　活性化させる

地雷6．成果を出す

　結局のところ、成果を出すことに尽きるのです。何をするかではなく、成果を出すかが重要なのです。あなたが成果を出せば、組織は他の多くの欠点を許容することができます。もしあなたがチームを率いているのなら、チームが成果を出さなければ、あなたは成果を出すことができません。最初の100日間を終えた時点での最も危険な地雷は、期待される成果を期待される期間内に提供するためのハイパフォーマンスチームを迅速に構築できていないことです。

　　[不安の軽減・その状態の解消に最適なタイミング]：最初の100日間
　　[好ましくない状態の解消法]：明確で本当の勝利につながる成果物と
　　スケジュールを特定し、主要な利害関係者と検証する。チームに権限

---

[2]　Stephen Covey, 1989, *The 7 Habits of Highly Effective People*, New York: Simon & Schuster.
[3]　Michael Watkins, 2003, *The First 90 Days*, Boston: Harvard Business School Press.
[4]　ソクラテスの言葉とされる。

を与え、チームと一緒に実行する

地雷７．調整

　ここまでは正しく対処できても、避けられない状況変化に目を向けず、対応しなければ、必ず新たな地雷が生まれます。計画とマネジメントという行為は、静的なものではありません。チームの状況は流動的であることを強く意識しなければなりません。常に環境調査をし、それに応じた調整の必要性を見逃してしまうことは、目的地に向けて出航した船長が、刻々と変化する海や天候に合わせて帆を調整しないのと同じことなのです。

　物事が変化するとき、あなたとあなたのチームも変化する必要があります。小さな調整で済むこともあれば、時には、完全な再スタートが必要なこともあります。リスクは、変化の必要性に気づかないこと、効果的な変化への対応方法を理解していないこと、変化への対応が遅すぎることにあります。

　　[不安の軽減・その状態の解消に最適なタイミング]：適宜
　　[好ましくない状態の解消法]：ビジネスの状況、成果、組織の変化を
　　積極的にモニターする。ステークホルダーの意見を聞く。変化の原因
　　そして含意を理解する。針路の迅速な訂正を行う

　あなたには選択肢があります。１つには、私たちの提案するアプローチを活用することで、リスクを発見し、評価し、軽減すること。あるいは、後で「あの仕事を受ける前に、このChapterを読んでおけばよかった！」と私たちにメールを送ることもできます。あなたは決して一人ではありません。

仕事を承諾する前に十分な調査をする

　「この仕事を受けるべきだろうか？」その答えを知るためには、リスクの度合いを十分に理解した上で評価する必要があります。デューデリジェンスをやろうとする人はほとんどいません。デューデリジェンスのやり方を知っている人もほとんどいないといって良いでしょう。内定を得る瞬間を台無しにするようなことはしたくないというのが人情というものでしょう。知らないということは幸せなことです。

　デューデリジェンスの核心は、意思決定に内在するリスクを理解するために、

複数の情報源から情報を収集し、分析することです。本書で取り上げるあらゆることと同様、慎重に考え抜かれた体系的なアプローチが有効です。企業や仕事に関するネガティブなニュースを知っても、怖がる必要はありません。最悪の場合、その仕事が自分に向いていないことを強く示唆するかもしれませんし、反対の場合、仕事を始める前に目の前の課題を正確に把握することに役立つでしょう。どちらのシナリオにせよ、仕事を受ける前に知っておくことは、あなたにとって良いことなのです。

事前にリスクを軽減する

大海を沸騰させるようなことをしないためにも、リスク評価は最も重要な数カ所に絞って行う必要があります。仕事を承諾する前に、組織、役割、個人的なリスクに関する3つの基本的な質問に答えるために、次の分野の情報を収集する必要があります。

まず、**ツール1.2**を用いて6Cの状況を完全に把握することから始め、SWOT分析ですべてをまとめましょう。

情報を集め、分析し、考えたら、次は何をすれば良いのでしょうか。リスクを「低い」「対処可能」「任務遂行に大きな打撃」「乗り越えられない」のいずれかに分類し、適切な行動を起こします。その演習には、**ツール1.4**を使用してください。

Chapter 1　まとめ

- **文化**―潜在的な仕事の機会との関連で、自分の文化的嗜好と強みを理解すること
- **買う前に売れ**―まずオファーを受ける。まだ受けていないオファーを断ることはできない。そこで、自分の強み、モチベーション、面接先のニーズとのフィット感を説明し、「買う前に売る」ことが肝要
- **デューデリジェンス**―仕事を受ける前にリアルなデューデリジェンスを行う：７つの致命的な地雷（組織、役割、個人、人間関係、学習、成果を出す、調整）に直面するリスクのレベルを理解する
- **リスクを管理する**―必要な支援を受けながら、そのリスクを適切に管理する

自分に問いたい質問集

文化―自分の文化的嗜好は明確か？　自分の好みは、組織の文化と比較してどうか？

買う前に売る―面接の３つの質問に対する答えをサポートする事例は用意してあるか？

デューデリジェンス―十分に広い範囲の情報を用いて、十分なデューデリジェンスを行ったか？

リスク管理―リスクを理解し、そのリスクを管理するためのアプローチを考え抜いたか？

ツール

　すべてのツールの最新版、完全版、編集可能版はprimegenesis.com/toolsでダウンロードできます（英語版）。

BRAVEカルチャーアセスメント

　以下の各項目について、1〜5の5段階で評価してください。1が左側に記載されたことに対して好みが全く一致していることを示し、5は、右側の記載に完全に好みが一致していることを示しています。あなたの好みと組織の好みを採点してください。他の下位構成要素を特定したら、追加して採点してください。最も重要なギャップを特定し、そのギャップを埋めることができるかどうか、またはどのように埋めることができるかを決定します。

環境─勝負する場所

職場

リモート、バーチャル、　　1−2−3−4−5　対面、クローズド、フォーマル
オープン、インフォーマル

ワークライフバランス

健康とウエルネス第一　　　1−2−3−4−5　短期的生産性第一

成功要因

人・人間関係・社会的なもの　1−2−3−4−5　技術・機械的・科学的

価値観─何が重要か、なぜ重要か

焦点

人のためになること／ESG　1−2−3−4−5　自分にとって良いこと／
　　　　　　　　　　　　　　　　　　　　　得意なこと

リスク許容度

より多くのリスクを負う／　1−2−3−4−5　現状維持／
より多くのものを得る（自信）　　　　　　　ミスを最低限にする

学習

オープン／共有／　　　　　1−2−3−4−5　指導／個別／一途
多様性を大切にする

態度―勝ち方

戦略

プレミア価格／サービス／　1−2−3−4−5　低価格／低サービス／
革新性　　　　　　　　　　　　　　　　　　最低限の実行可能性

焦点

競合との差別化　　　　　　1−2−3−4−5　マーケットリーダーへの
　　　　　　　　　　　　　　　　　　　　収斂

姿勢

積極性／画期的　　　　　　1−2−3−4−5　対応的／確実性／
イノベーション　　　　　　　　　　　　　安定的な進歩

人間関係―どのようにつながるか

権力・意思決定

拡散／議論する―問題に立ち向かう　1−2−3−4−5　支配的／一元的

多様性・公平性・包括性（DE&I）

歓迎され、評価され、尊敬　1−2−3−4−5　一緒に仕事をする人は我々と同
される　　　　　　　　　　　　　　　　　じような人たちだと思っている

コミュニケーション、コントロール

インフォーマル／口頭／対面　1−2−3−4−5　フォーマル／指示／書面

行動―どのように影響を与えるか

ワーキングユニット

1つの組織、相互依存のチーム　1−2−3−4−5　独立した個人、ユニット、グループ

統制・規律性

流動的・柔軟（ガイドライン）1−2−3−4−5　構造化／規律化（方針）

権限委譲

鼓舞し、力を与え、力を合　1−2−3−4−5　狭いタスクに専念／指示
わせる／信頼

6C 状況分析

オンボーディング期間中に、臨機応変に、あるいは積極的に情報を収集し、結論を導き出すための枠組みとして、次の項目を検討してみましょう。**ツール1.3**を参照し、SWOT分析（Strengths、Weaknesses、Opportunities、Threats）ですべてをまとめ、以下に関する結論を導き出すのに役立てましょう。

- 収益の源泉、推進力、阻害要因、および価値
- 現在の戦略／リソースの配置は首尾一貫しているか？　適切か？
- 洞察とシナリオ

1. 顧客（Customers）（ファーストライン、カスタマーチェーン、エンドユーザー、インフルエンサー）のニーズ、希望、嗜好、コミットメント、戦略、セグメント別価格／価値観

ファーストライン／ダイレクトカスタマー
- チャンスの領域—市場全体、セグメント別数量
- 現状—顧客別売上・顧客別利益

カスタマーチェーン
- 顧客の顧客—市場全体、セグメント別数量
- 現在の顧客のセグメント別戦略、数量、収益性

エンドユーザー
- 当社製品および競合他社の製品に関する嗜好、消費、利用状況、ロイヤリティ、価格価値に関するデータおよび認知度

インフルエンサー
- 顧客やエンドユーザーの購入や使用に関する意思決定に影響を与える主要な人物

2. 協力者（Collaborators）（サプライヤー、ビジネス提携者、パートナー、政府／コミュニティリーダー）

- 外部および内部ステークホルダー（上下—横断）のための戦略、利益／価値モデル

3．文化（Culture）

- 行動—どのような影響を与えるか（実施）
- 人間関係—つながり方（コミュニケーション）
- 態度—勝ち方（選択肢）
- 価値感—何が重要か、なぜ重要か（目的）
- 環境—計画する場所（コンテクスト）

4．能力（Capabilities）

- 人材面（マネジメントのスタイルと質、戦略の普及、文化、価値観、規範、フォーカス、規律、革新性、チームワーク、実行、緊急性、政治を含む）
- オペレーション面（業務プロセスの完全性、組織構造の有効性、施策と報酬の関連性、コーポレートガバナンスを含む）
- 財務面（資本・資産活用、投資家経営も含む）
- 技術面（コアプロセス、ITシステム、サポートスキルなどを含む）
- 主要資産面（ブランド、知的財産を含む）

5．競合（Competitors）（直接的、間接的、潜在的）

- 戦略、プロフィット／バリューモデル、セグメント別プロフィット・プール、誇りの源泉

6．条件（Conditions）

- 社会・人口動態のトレンド
- 政治・行政・規制の動向
- マクロ経済・ミクロ経済動向
- 市場の定義、流入・流出、代替品のトレンド
- マクロヘルスと気候変動があなたの組織に与える影響

SWOT分析

　自社の強み・弱み、機会、脅威や主要なレバレッジポイントなどをプロットしてみましょう。

内部		外部
強み	主要レバレッジ・ポイント	機会
弱み	経営課題	脅威
	持続可能な競争優位性	

強み	組織内	—	得意分野
弱み	組織内	—	苦手分野
機会	組織外	—	活用すべき分野
脅威	組織外	—	心配な分野

主要レバレッジ・ポイント
　自分たちの強みを活かせる機会（勝つための勝負どころ）

ビジネスへの影響
　私たちの弱点が陥りやすい脅威（負けないように勝負するところ）

持続可能な競争優位性
　長期的に持続可能なレバレッジ・ポイント

リスクアセスメント

以下の各要素について、地雷のリスクのレベルを次の1〜4の4段階で推定します：「1＝低い、2＝対処可能、3＝任務遂行に大きな打撃、4＝乗り越えられない」

次に、個々のランクづけを見て、総合的なリスク評価をしてください。

組織：組織の戦略や実行能力に関するリスクを評価する（1−2−3−4）
（組織の持続的な競争優位性を探す）

役割：ステークホルダーの期待とリソースをめぐる利害調整のリスクを評価する（1−2−3−4）
（役割に対して誰が懸念を持ち、それに対して何が行われたかを把握する）

個人：自分の強み、モチベーション、フィット感とのギャップのリスクを評価する（1−2−3−4）
（具体的に、あなたのどんなところがオファーを受けるに至ったのかを理解する）

人間関係：重要な人間関係を構築し、維持する能力に関するリスクを評価する（1−2−3−4）

学習：適切な情報と知識を得る能力のリスクを評価する（1−2−3−4）

成果：迅速に成果を出すことができるハイパフォーマンスチームを構築するためのリスクを評価する（1−2−3−4）

調整：この先の状況変化に対応する能力のリスクを評価する（1−2−3−4）

全体的なリスクを評価したら、スコアに応じたアクションを考慮します。

低い：何もしない（ただし、必然的な変化には目を向ける）

対処可能：通常業務で管理する

任務遂行に大きな打撃：仕事を承諾する前に解決する、あるいは何かをする前にリスクをやわらげる

乗り越えられない：立ち去る

仕事はオファーを
受けたときから始まっている

業務開始前の準備期間を活用する

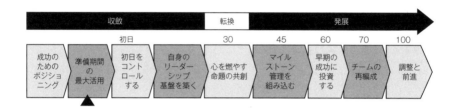

警告！

　すでに新しい役割に就いている人は、このChapterを読むと動揺するかもしれません。正式に仕事を始める前の人が実行すべきアイデアが満載だからです。主導権を握り、チームを作り、誰よりも早くより良い結果を出すための最善の方法は、誰よりも早くスタートして時間を作り出すことなのです。好むと好まざるとにかかわらず、新しいリーダーの役割は、その人がその仕事の候補者として認められた瞬間から始まり、受け入れた瞬間から確実に始まるのです。新しいリーダーの行動や言動は、初日のドアを開ける前から、強力なシグナルを発しています。

　この、内定を受けてから正式に業務を開始するまでの準備期間は、実は絶好の機会です。この時期をうまく活用した人は、新しい職務の初期に劇的な成果を上げ、利用しなかった人は、あまり楽しい経験をしない傾向があります。処方箋は比較的簡単です。時間の有効活用、計画、準備、人間関係への投資、学習、メッセージ、傾聴です。

初日にふさわしい日を選ぶ

　時間を作り出す賢い方法の1つに、仕事の開始日をコントロールすることがあります。調整がきくなら（必ずしもそうとは限りませんが）、準備期間を長くするために仕事の開始日を交渉し、初日までに有益な活動を行う時間を確保するのです。また、給与が発生する実際の入社初日と公に発表される初日を分けて考えることもできます。上司が知っているプライベートな初日を非公開にし、社内で公表される初日を遅くすることで、社員としてのスタートを切りながら、日常に引き込まれる前に何かをすることができます。つまり、"あいまいな準備期間"を長くすることができるのです。

長ければ長いほど良い

　私たちが支援したリーダーの一人、ナサニエルは、初日を迎える前に仕事を始めるべきだという考えには、当初賛成しかねていました。新しい仕事には、十分な休暇を取ってから、リラックスして臨みたいと考えていました。また、正式に仕事を始める前に、ミーティングをお願いするのは気が引けていました。しかし、結局、彼は私たちが提案したいくつかの行動を初日の前に試してみることに同意しました。

　その1週間後、彼が私たちに送ってくれたメールには、まさにこんなことが書かれていたのです。

> 「すでに、将来の同僚や代理店の担当者には、自己紹介の連絡を取っています。あなたの言うとおり、これはすごいことです。みんな温かく、素直に反応してくれて、最初の数週間がずっと生産的で、効果的で、楽しいものになりそうです」

　ツール2.1（パーソナル面の100日間ワークシート）にあるように、次の6つのステップで、あなたの準備期間をさらに強力なものにしてください。

ステップ1．直面する状況や文化に応じて、リーダーシップのアプローチを決定する

ステップ2．主要なステークホルダーを特定する

ステップ3．現在考えうる最良の「エントリーメッセージ」を作成する

ステップ4．重要な人間関係を築き、学習を加速させる

ステップ5．個人的な環境とオフィスのセットアップを管理する

ステップ6．初日、序盤、そして最初の100日間を計画する

ステップ1．直面する状況や文化に応じて、リーダーシップのアプローチを決定する

　ステップ1は、組織の変革ニーズと変革に対する準備度合いを明らかにすることです。あなたがいかにスピーディーに動くべきかは、直面しているコンテクスト（状況を生み出す環境）によって決まります（変革ニーズ）。文化の現状（変化に対する準備度合い）が、あなたがどれだけ速く、効果的に動けるかを決定します。

コンテクストを分析することから始める

　変革の必要性を判断するときに重要なのは、「ビジネス環境、歴史、最近の業績などを踏まえてミッションや目標を達成するために、組織がどの程度の規模とスピードで変化する必要があるのか」ということです。

1. **ビジネス環境**：デューデリジェンスで6つのCを分析し、ビジネス環境を評価したはずです。顧客、協力者、文化、能力、競合、条件など、各Cの傾向を確認しましょう。

2. **組織の歴史**：組織がどのようにして現在の状態に至ったかを理解することで、変化への原動力や、個々のチームメンバーの状況に対する思い込みの根源について、貴重な洞察を得ることができます。できる限り過去にさかのぼって、創業者の意図、沿革で注目されている組織の英雄的存在、従業員に語り継がれているストーリーや伝説などを理解しましょう。

3. **最近の業績**：直近の業績を見る際には、当たり前のことを掘り下げます。全体的な数字の構成要素を理解し、何がうまくいっていて、何がうまくいっていないのかを把握します。絶対的、相対的な結果、最近の傾向、プラ

ス要因、マイナス要因、それらが一時的なものなのか、それとも永続的な障害なのかを明らかにします。**ツール2.2**を使用して、「コンテクストアセスメント」を行いましょう。

4. **役割への期待**：次に、ミーティングで会った人から説明された（あなたの役割やチームに対する）期待、目標、抱負の変化を比較します。そして、組織がこれらの期待や目標を達成するためにどの程度のポジションにあるのか（またはポジションにないのか）を判断します。

　その目標は、現在のビジネス環境、会社の歴史的な運営方法、あるいは最近の業績から逸脱していないでしょうか。それによって、どの程度のスピードで変化する必要があるのか、また、どの程度の転換点に直面しているのかを知ることができます。

全体的な文化と特定の個人を見ることで、変革への準備態勢を評価する

　組織変革の必要性を判断したところで、今度は、その変革の必要性を認めて受け入れ、リードし、適応するための組織の文化的な準備度合いを評価する番です。変革に対する準備度合いには、自己認識、意志、スキル、そして、能力の組み合わせが必要です。組織メンバーが、変革の必要性を理解し、変化したいという願望を持ち、変化するためのノウハウを持ち、変化に伴う追加業務を引き受けるための帯域を持っていなければなりません。

　この点については、デューデリジェンスで行った（あるいは今行うべき）文化的なアセスメントから、初めて知ることができます。合併したチームや新しく再編成されたチームと仕事をするときは、新しいリーダーチームから始めて、合併した組織や新しい組織の変化に対する準備度合いを評価することを忘れないようにしましょう。

うわべだけの文化を越えて、先までよく見てください。人々は自分の好みについて嘘をつくわけではありません。ただ、価値観や信条は往々にして願望的なものです。上司がいないときに従業員が自然と行う行動、人間関係、態度、価値観、職場環境などの規範を理解する必要があります。それは、会社のウェブサイトに掲げられているような企業文化を定義する文言よりも、組織の真の文化を正確に示している場合が多いからです。

リーダーシップのあり方を決める

この時点で、あなたは組織文化の変革が必要かどうか、そして、チームが変革に対して準備が整っているかどうかを評価できたはずです。そして、既存の文化に同化するのか、収斂・発展させるのか、あるいは組織に衝撃を与えるのかなど、どのように関与するのがベストかを選択する準備が整ったと言えます。

仕事を引き受けるかどうかの決断に次いで、この決断は最初の100日間を前にして行う最も重要な決断かもしれません。文化的関与の選択を誤ると、そこから回復することは不可能ではないものの、困難です。あなたの選択は、あなたが足を踏み入れようとしている環境と既存の文化が、変化に対する準備ができているかどうかにかかっているのです。**ツール2.3**は、**図2.1**に示すように、状況に応じた最適なアプローチを決定するのに役立ちます。

これは非常に重要な選択ですが、適切に分析を行いさえすれば、以下のガイドラインが正しいアプローチに導いてくれるはずです（ACES）。

「同化する」という分析結果が出たら：分析によって、期待される結果を得るための緊急な変革の必要性もなく、変革への準備が整っている結束力のあるチームが存在するという結果が出た場合、その状態を引き継ぎます。チームやステークホルダーと一緒に、時間をかけて必要な小さな変化を見つけ出すことができます。これは素晴らしいことですが、稀な状況です。多くの場合、収斂と発展を目指したいと思うでしょう。その場合、そのスピードにも気を配りたいものです。

図2.1　コンテクストと文化の決定ツール（ACES分析）

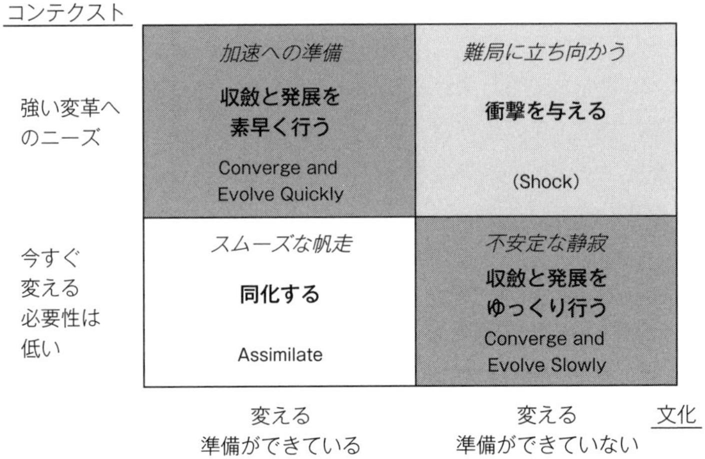

コンテクスト

強い変革へのニーズ	*加速への準備* **収斂と発展を 素早く行う** Converge and Evolve Quickly	*難局に立ち向かう* **衝撃を与える** (Shock)
今すぐ変える必要性は低い	*スムーズな帆走* **同化する** Assimilate	*不安定な静寂* **収斂と発展を ゆっくり行う** Converge and Evolve Slowly

変える　　　　　　　　　変える　　　　　　　文化
準備ができている　　準備ができていない

「収斂と発展をゆっくり行う」という分析結果が出たら：それは、緊急の変革は必要ではないことを示していますが、期待される結果を完全に達成するためには、時間をかけてわずかな調整を行う必要があります。しかし、文化には必要な調整をサポートするために変化する準備が整っていないことを示しています。この分析結果に従う場合、まず組織の一員として、徐々に必要な変革を進めることになります。慎重に考え抜かれた小さなステップによる変革を、時間をかけて導入していく方法が必要です。

「収斂と発展を素早く行う」という分析結果が出たら：期待される結果を出すためには大幅な変革が直ちに必要であり、企業文化も変化への準備が整っていることを示しています。あなたは、緊急な変革の必要性に組織が目覚めるのをけん引する触媒になるかもしれません。*迅速さがカギです。あまりに遅いと失敗してしまいます。*

「衝撃を与える」という分析結果が出たら：期待された結果を出すためには、重要な変革をすぐに行わなければならず（ショック療法）、

しかも企業文化は、変わる*準備*ができていないことを示しています。このシナリオは、本当に難しい状況です。システムを存続させるためには、衝撃を与えなければなりません。そして、それを即座に実行しなければなりません。厳しい状況が続くでしょう。これは非常にリスキーなことであり、自分が生き残ることができなかった変革を、後任者が成し遂げるための道を開いて「死んだヒーロー」として終わるかもしれません。率直に言えば、この選択が適切であることは稀です。

「リーダーとして何をすべきか」を明確にする

状況を把握し、自分のリーダーシップのあり方を決めたら、チームを統率するために何を変えるべきか、どのように行動を変えるべきか、よく考えてみてください。新しい役割では、全体的にどのようなリーダーシップを発揮する必要があるのか、これまでのリーダーシップのあり方に対して、何をダイアルアップし、何をダイアルダウンしなければならないでしょうか。新しい役割では、どのような行動をより強調する必要があるでしょうか。その結果、異なる機能や主導権に責任を持つ場合、「実行（すべきこと）」と「マネージ／リード」の時間配分をどのように変える必要があるか、本Chapterの最後にある**ツール2.4**を使って考えてみましょう。

合併、組織再編、事業再生、組織変革には 特別な注意が必要

合併や再編を控えたチームを率いるほとんどの場合、*収斂と発展*が最適なアプローチとなります。純粋な同化は時間がかかりすぎて、シナジー効果が発揮されない可能性があるからです。ショック療法的なアプローチをとると、将来の状態を定義づける上での役割の明確化や新しいプレーヤーを参加させる機会を逃してしまう可能性があります。覚えておいてほしいのは、人は、『新組織での*同僚*や*協力者*が誰であるか』を知り、『*自分自身の役割*とそれに対する自信を持つ』までは、戦略や新しい統合ビジョンの実行には注意を払わないということです（経営幹部にとってどんなに明白で刺激的なことであっても）。

事業再生や組織変革では、成功への新たな道を定義することがより急務となるため、変革の必要性が高く、その必要性をチームに喚起する「衝撃を与える」または「収斂と進化を素早く行う」アプローチでリードする準備が必要です。

これを正しく早めに熟考し、最善の事前評価でリーダーシップのアプローチを決定し、あいまいな準備期間の間に仮説を検証して、初日直前に選択を見直します。特に初期の日々や数週間は、文化が変革を受け入れ、適応する能力についてより強い感触を得るために、上司やその他の信頼できる主要なステークホルダーに、あなたに対してスピードアップやスピードダウンを勧めるよう依頼しましょう。

ステップ2. 主要なステークホルダーを特定する

　あいまいな準備期間のステップ2は、主要なステークホルダーを特定することです。その人たちは、あなたの新しい役割における成功に最も大きな影響を与える人たちです。移行期のエグゼクティブの多くは、これを適切にやり遂げることができなかったり、主要なステークホルダーを一方向からしか見なかったりします。また、全員を喜ばせようと、全員を同じように扱うという間違いを犯すこともあります。このような失敗を避けるためには、あらゆる方向に目を向けて、重要なステークホルダーを見つけることが必要です。

> **上司**：間接的な上司、上司の上司、取締役会など、ステークホルダーは多岐にわたります。上司のアシスタント、あるいはさらに上の組織にいる人。
>
> **組織横断的ステークホルダー**：重要な同盟者（志を一にする人）、仲間、パートナー、さらには、あなたにアサインされた仕事が欲しかったのに手に入らなかった人などが含まれるかもしれません。エグゼクティブ・リーダーが忘れがちなステークホルダーは、主要な顧客、取引先、サプライヤー、パートナーです。組織の内部と外部に目を向けましょう。
>
> **下部組織ステークホルダー**：通常、あなたの直属の部下やその直属の部下、その他チームの目標を成功させるために欠かせない重要な人たちが含まれます。エグゼクティブ・アシスタントは、このリストの上位に位置するはずです。
>
> **前職の利害関係者**：社内からの昇進や横異動の場合、前職の上下関係者を考慮に入れておく必要があります。中には、新しい職務の成否に

影響を与える人がいるかもしれません。

社内取締役会：社内取締役は、階層における明確な役割に関係なく、その影響力や影響度によって異なる扱いを受ける人々で構成されます。あなたは彼らを役員として扱い、会議では決して彼らを驚かせず、非公式にオフレコでアドバイスをもらう機会を作りましょう。早い段階から、社内取締役からのフィードバックを歓迎するエグゼクティブであるとの位置づけを確立しましょう。

　人事担当者、上司、前任者、同僚、メンターなどに恐れることなくさまざまな質問をしましょう。少なくとも最初は、このリストに載せる人数はなるべく多くするほうが良いことを覚えておきましょう。新しいリーダーにとって、重要なステークホルダーを無視してしまうことは、壊滅的な影響を与え、トランジション成功に支障をきたす可能性もあるからです。

　同様に、控えめではなく、むしろオーバーなくらい敬意を持って接するのが良いでしょう。特定のステークホルダーが自分のリストのどこに当てはまるかわからない場合は、常にアップグレードするのが良いでしょう。*組織横断ステークホルダーを上位のように、下部組織ステークホルダーを組織横断ステークホルダーのように*扱っても問題はありませんが、その逆はありえません。また、多様性、公平性、包括性の機会やリスクについて明確に説明し、すべての人にふさわしい敬意を払うようにしましょう。

コミット者、貢献者、傍観者、妨害者の特定

　必然的に、ステークホルダーの中には、あなたがやろうとしていることを支持する人、抵抗する人、しばらくの間傍観する人が出てきます。ここでは「コミット者」「貢献者」「傍観者」「妨害者」と名づけます。

　　コミット者：コミットしている人は、目的、大義、そして他者のために良いことをすることに駆り立てられます。彼らは、望ましい結果を達成するために必要なことは何であれ、信じ、実行します。彼らの感情に触れ、一緒にやろうとしていることを直感的に信じられるような、シンプルで直接的なコミュニケーションで、彼らのコミットメントを維持しましょう。

貢献者：あなたのビジョンに共感し、変化を求めて活動してきた人たちです。多くの場合、彼らは会社や職務に就いて間もないため、過去にしがみつくよりも、新しいリーダーの計画に沿って前進する方が得るものが大きいと考えています。このような人たちを仲間にしましょう。

傍観者：従順な人々は、自分にとって何が良いかを第一に考え、自分たちの基本的なニーズを重視します。従順な人々は、組織に害を与えてはいませんが、変化の主な推進者ではありません。彼らは、言われたことをやるだけで、それ以上のことはしません。このような人々は、あなたの傍観者であり、おそらく傍観者であり続けるでしょう。この人たちに対するあなたの目標は、彼らが何をする必要があるかを認識させ、それが実行されるようにすることです。

妨害者：この人たちは、現状に満足している人、能力がないと見られることを恐れている人、自分の価値観や権力が脅かされると感じている人、主要な同調者に悪い影響が及ぶことを恐れている人、そして、長い間ある地位にいるため、現状の放棄は失うものが大きく、リスクのある変化を受け入れ難いと思っている人たちです。

　人によっては、感情的に離脱し、変化することを切り上げてしまいます。彼らは、変化のための機会、ビジョン、行動への呼びかけを信じません。彼らは、組織が必要とすることをしようとしません。このような人たちは、完全に断絶しているため、離反者と見なされます。もし彼らが新しいメッセージングに即座に反応しないようなら、すぐに彼らを追い出すことが必要です。

　現在の権力（地位）が高い人は、得ることよりも失うものの方が多いため、変化に抵抗する傾向にあることに注意を払いましょう（**図2.2**参照）。

　変化と権力の関係性は、**図2.2**に示すようなものです。常にそうであるとは限りませんが、このような人々との関係を築く上で、特に注意深くすべき場面では、十分に当てはまります。

　リーダーとして、チームに影響を与えるために費やすことのできるエネルギーは限られています。全体的な処方箋は、すべてのインフルエンサーを正しい方向へ一歩ずつ進ませることです。一般的には、コミット者のコミットメントを維持し、次に貢献者のコミットメントレベルを上げることから始めます。そ

図2.2　権力と変化

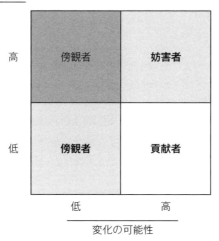

して、説得可能な傍観者を貢献者にしていきます。否定的な人を一挙に貢献者に変えようとしないでください。時間をかけて、妨害者から傍観者、そして貢献者へと移行させるようにしましょう。不満分子のままでいる人たちを、邪魔にならないようにしていきます。

　最後に、オンボーディング・バディ（準備期間中の支援者）についてお話しします。準備期間や初期の段階では、同僚や他の経験豊富で影響力のあるメンバーにサポートを得る機会に気をつけてください。

　変革の対象者全員を意識して、以下の質問に答えてみましょう。

- 彼らは今、何を考え、何をしているのか？　彼らにとって最も重要なことは何なのか？
- 何をやめ、何を続け、どのように変える必要があるのか？
- 現在の状態から望ましい状態へ移行するために、彼らは何を知る必要があるのか？

合併や事業再生における重要なステークホルダーを 深く掘り下げる

合併後の統合をリードする場合、被買収企業のリーダーシップチームと十分な時間をとって、重要なプレーヤーやインフルエンサーが誰であるかを理解することが必要です。

事業再生の場合でも、成功に不可欠な変革の担い手や影響力のある人は最前線にもいることが多く、顧客やパートナー、現場のチームメンバーとともに、改善やイノベーションの設計・実施に取り組んでいるものです。取締役会や経営陣といった役職の枠にとらわれず、隠れたチャンピオン（支持者）を探してみてください。

ステップ3. 現在考えうる最良の 「エントリーメッセージ」を作成 する

あいまいな準備期間のステップ3は、「エントリーメッセージ（入社時の挨拶メッセージ）」を作成することです。

ステークホルダーとの対話を始める前に、誰と対話するのかをよく考えてください。メッセージのターゲットには、できるだけ具体的に主要なインフルエンサー、その他のインフルエンサーなど、影響を与える可能性のあるすべての人やグループを含めてください。

次に、最初のメッセージを明確にすることです。

メッセージを作り上げ、展開することは、あなたが使う（使わない）言葉や、あなたがとる（とらない）行動と関係があります。ステークホルダーと話をする前に、自分の選択を意識し、意図的にエントリーメッセージを作りましょう。あなたのイメージは、あなたの実際の言動や伝聞によって、人々の心の中に位置づけられることになります。ですから、自分でコントロールできることはできる限りしたほうが良いでしょう。あなたがもたらす変化に関して述べるエントリーメッセージは重要であり、それは学びながら発展させるべきものです。

エントリーメッセージの作成には、まず現在考えられる最良のことから着手してください。それを参考にしながら、学びながら発展させていきましょう。

なお、新しい役割を開始するときは、慣性が強力に働くことを思い出してく

ださい。人々が「このままではいけない」と思い（＝変革のための機会）、より良い場所にいる自分を想像し（＝ビジョン）、問題解決における自分の役割を理解して（＝行動への呼びかけ）いない限り、何かを変えてもらうことはできません。エントリーメッセージの見出しとコミュニケーションのポイントは、変化のための機会、ビジョン、行動への呼びかけから生まれます。

1．**変化のための機会（Why）**：あなたのメッセージを聞く人たちに、今までとは異なる何かを行う必要があることを認識させるための事実を示し、刺激し、提示する（人は、自分がやっていることが十分でないと言われるよりも、自分がコントロールできない外部変化が関わる機会に対して、より良い反応を示すことに留意しましょう）。
2．**ビジョン（What）**：あなたのメッセージを聞く人たちが、明るい未来像の自分の姿を思い浮かべることができるものを示す（あなたのビジョンではありません。彼らのビジョンです）。
3．**行動喚起（How）**：あなたのメッセージを聞く人たちが、解決策に参加できるような、具体的な行動を示す。

　これらの基本的なポイントを理解した上で、あなたがリーダーとしてどのように見られるべきかを考え、そのすべてを象徴する１つの旗振りメッセージ（キャッチフレーズまたは標語）とコミュニケーション・ポイントを絞り込みます。あなたのメッセージを聞く人たちは常に、"これは私にとって何を意味するのか"と問いかけていることを忘れないようにしましょう。**ツール2.1**の「メッセージ」セクションでこの情報を把握し、**ツール2.5**でコミュニケーションの計画を立ててください。

心にとどめておきたいヒント

　大まかながらも正しいメッセージを迅速に発信しましょう。もちろん、あなたが初日かそれ以前にメッセージを伝えに行くということではありません。時間をかけてメッセージを発展させます。自分にとって、相手にとって、従業員のビジョンにとって、そしてその瞬間にとって何が正しいメッセージであるかを知るまでは、うっかり間違ったメッセージを送ってしまうかもしれないからです。

ステップ4. 重要な人間関係を築き、学習を加速させる

　あいまいな準備期間のステップ4は、重要な人間関係をジャンプスタートさせ、学習を加速させることです。この2つは連動しています。そのためには、ミーティングや電話会議を、準備期間の今、実施することです。重要なステークホルダーと事前にコンタクトを取ることで得られるインパクトは計り知れません。しかし、経営者の中には、こうした会議を設定することに驚くほど消極的な人もいます。抵抗されるのではと思う方も多いかもしれませんが、実際に抵抗されることはほとんどありません。

　まず、重要なステークホルダーのリストを使って、初日までにどのステークホルダーと会い、ビデオ会議をし、話すべきかを決めます。最も重要なステークホルダーとは、あなたの新しい役割での成功や存続に重要となる以下のような人たちです。

● あなたの新しい上司
● 最も影響力のある役員
● 批判的な同僚—特に新しい仕事の候補者であった同僚
● 重要な顧客・取引先
● 重要な直属の部下—特に高業績を上げている人、重要なスキルセットを持つ人、新しい仕事の候補者、または貴重な人材ながら転職してしまうリスクがあると思われる人

正式な業務開始までの準備期間を活用し、現実的な回答と展望を手に入れる

　主要なステークホルダーとのコミュニケーションを早期に開始するもう1つの理由は、正式に業務を開始する前の質問に対する回答と、開始後の回答が異なるからです。業務に就く前のあなたは、いわば異邦人です。まだ社員でもなければ上司でもない。人脈を作り、学ぼうとしているだけの人なのです。そのため、準備期間で得られる答えは、業務開始後のあなたにとって、非常に貴重なものとなることが多いのです。

　あいまいなステータスにある期間中に面会やビデオ会議ができない場合もあ

りますし、潜在的なステークホルダーがその意思を示さない場合もあります。それでも、事前打ち合わせをお願いするだけで、好感度が上がります。

心にとどめておきたいヒント

　重要なステークホルダーと事前に会うことや１対１のビデオ会議をすることは、あなたがこの本に払った金額の何億倍もの価値があります。重要なステークホルダーと事前にコンタクトを取ることは、常に大きな違いをもたらします。ゲームチェンジャーなのです。

　さて、正式業務開始前の会話の機会を設定したら、会話のためのアプローチを持つことが重要です。会話当日は、あなたから話すのは控えめにし、できるだけ傾聴する側になることが重要です。この会話の目的は人間関係を構築し、学習するためのものだからです。

　研究者であり、ストーリーテラーでもあるブレネー・ブラウンは、TEDトークでの『傷つく心の力（The Power of Vulnerability）』の中で、「誰かとつながりを持つには相手に自分の本当の姿を見せる必要があるが、それは自分自身を傷つけやすい状態に置いてしまうことでもある」と説明しています[1]。正式業務開始前の会話は、警戒心を持つことなく、無防備な状態で、ステークホルダーから組織の状況や優先順位を聞いたり、「組織での物事の進め方」について協力を求めたりして、つながりを作る最初の絶好のチャンスとなります。

　目的は人間関係を作ることなので、最初の質問はおおかた「あなたのことを教えていただけますか？」というような内容になるでしょう。あなたは、主要なステークホルダーと個別につながりたいのです。ビジネス上の問題だけでなく、彼らの個人的な要望やニーズも理解したいのです。あなたの作ったメッセージを試してみる良い機会かもしれません。しかし、この機会は、あなた自身の人生を語ったり、あるべき論を述べたりする機会ではないため、メッセージは短く、要点を押さえたものにしましょう。

　会話を構造化しておくことは有効です。オープンなマインドで会話に臨み、主要なステークホルダーの発言に積極的に耳を傾けてください。これらの会話の価値を最大化するためには、計画的かつ思慮深い方法で行うことが重要です。

---

[1]　Brené Brown, 2010, "The Power of Vulnerability," TED Talk video, 20:19, June.

会話を、「学習」「期待」「実施」に分けて考えましょう。それには、**ツール2.6**が役に立ちます。

強みと認識

　重要なステークホルダーのパーソナルな部分を少し知った上で、彼らの一般的な状況に対する捉え方を探っていきます。その際、「強み」と「認識」という２つのポイントに注目しましょう。成功するためにはどのような強みや能力が必要なのかを尋ね、彼らの現状認識と比較し、その違いに注意を払います。注意していただきたいのは、これは、たった１つの真実を探すためのリサーチではないことです。さまざまなステークホルダーの認識を理解する訓練であり、より良いリーダーシップを発揮し、コミュニケーションをとるためのものです。

　質問に対する回答があったら、その回答を補強するような事例を尋ねてください。私たちは皆、ストーリーでコミュニケーションをとります。この準備期間から、以前の組織の立場での言及をやめ、会話の中では、「私たち」に切り替え、自分自身が新しい組織の一員であることを明確にしましょう。こういった会話をうまくマネージできれば、今後、前進するための事例として使うことができる新しい「私たち」のストーリーをいくつか手に入れることができるはずです。

期待すること

　ステークホルダーとの会話の目的は、職位関係が上位なのか、下位なのか、横断的な関係なのかによって異なるでしょう。従って、質問内容も異なってきます。*上位*のステークホルダーの優先順位やリソースに関する*期待*は、あなたにとっての方向性となります。*横*のステークホルダーの期待は、相互理解を深めるためのインプットとなります。*下層部*のステークホルダーの期待は、彼らの現状とニーズを知るためのデータです。

　また、ステークホルダーとの会話は、*触れてはいけないことがあるかどうか*を見極める絶好の機会でもあります。触れてはいけないこと（アンタッチャブル）とは、組織や部門の大きな目標に対して、奇妙に見えたり、不自然に見えたりするもののことで、手を出してはいけない特別なプロジェクト（ペットプロジェクト）や保護された人々のことかもしれません。ほとんどの組織に存在し、アンタッチャブルであることを認識していないエグゼクティブにとって、

これらは触れると地位を失いかねない危険なテーマです。アンタッチャブルは早めに見つけ出し、少なくとも最初のうちは、そのままにしておきましょう。

業務の実施状況

　業務の実施状況について理解すべきことは、(1) コントロールポイント（何をどのように測定し、追跡し、報告するか）、(2) 意思決定の行われ方、(3) 人とのコミュニケーションの最適な方法、の3点です。

　組織によって、実際に起こっていることを管理するための指標やプロセスは異なります。どのようなことがどのように測定され、追跡され、報告されているのか、そして公式には追跡されていないが非公式に見られていることは何か、を理解する必要があります。

決定権

　決定権の状況を理解するということは、誰が誰の意見でどのような意思決定を行うかを理解することです。意思決定をする方法は5つあります。「私」と「あなた（他の人）」の関係性で説明します。

　　　レベル1：「私が」自分で決める
　　　レベル2：「あなたの意見を聞き」「私が」決める
　　　レベル3：「あなた」と「私が」一緒に決める
　　　レベル4：「私の意見を聞いて」「あなたが」決める
　　　レベル5：「あなたが」自分で決める

　一般に、意思決定はレベル2と4に収めたいものです（あなたかあなたの主要なステークホルダーが、他者からのインプットを得て意思決定を行う）。インプットは、拒否権、協議、情報のいずれであっても決定するにあたって役立つものです。

　レベル3のように決定権が共有されていると、誰からも決定がなされないという厄介なことになります。そのようなシナリオに身を置かないことが肝心ですが、比較的容易に避けられます。

　難しいのは、本当の決定権がどこにあるのかを理解することです。パワーの源泉は次の3つです。

決定者：誰が決定を下すのか、誰がルールを決めるのか

影響者：誰が重要な意見を持ち、影響力を持つのか、支配するのか

実施者：決定事項を実施するために必要なリソースを、誰が管理して
いるか

　意思決定プロセスを確立する際には、これらのステークホルダーがどのように相互に作用し、組織にどのような影響を与えるかを検討することが重要です。主要なステークホルダーは、その時々で、これらの役割のいずれかを果たしていたり、全く果たしていないこともあるでしょう。重要なのは、主要なステークホルダーがいつ、それらの力の源泉を活用できるかを把握することです。

コミュニケーションの好み

　正式な業務開始前にミーティングができれば、ステークホルダーのコミュニケーションの嗜好を理解し始めることができます。特に、その方法、マナー、頻度、意見の相違に関する好みに注意を払いましょう。

● **方法**：電子メール、テキスト、ボイスメール、対面など、好むコミュニケーションのタイプを指します。

● **マナー**：コミュニケーションのスタイルです。よりフォーマルで規律性を重んじるのか、またはそうではないのかといったことです。特に、相手がミーティングの前に読んでおいてほしいといったものを提示してきて、それを理解した上での会話を好む場合は注意が必要です。

● **頻度**：毎日なのか、毎週なのか、プロジェクトが完了したときだけなのかなど、その人が好む連絡の頻度です。

● **意見の相違**：人によって反対されることに対する好みはさまざまで、その方法は多岐にわたります。

1．私に対して決して反対意見を述べてほしくない

2．プライベートな1対1の環境では、私に対して挑戦しても良い

3．チームミーティングで、私に挑戦することも歓迎する。しかし、あなたの意見をチーム以外の人には決して知られないようにしてほしい

4．どんなミーティングにおいても穏やかなチャレンジを歓迎する

5．私たちが望む文化はチャレンジするコミュニケーションから生まれると

考えているので、いつでも公の場でのストレートな反対意見を歓迎する

しかし、最初に返ってきた回答を鵜呑みにしてはいけません。ステークホルダーリストの一番上から探り始め、主要なステークホルダー、特に上司が他の人からの反対意見や挑戦に対してどのように対応するかを見てから、異議を唱えましょう。

自分の直感を信じない

新しい職務に就くエグゼクティブは、*自分の第一印象や直感を信じないようにしましょう*[2]。この時点においてあなたは、新しい状況、チーム、組織を、以前の組織と同じように理解しているわけではありません。つまり、新しい職場で、以前の組織と同じように考え、行動することには危険が伴うということです。

判断や意思決定の心理学で知られるダニエル・カーネマンは、これを「直感的思考」と表現しています。

2002年のノーベル賞受賞講演で、彼は直感を、より意図的、統制的、努力的、規則的に物事を考える方法とは対照的に、「あまり考えずにすぐに思いつく考えや好み」と表現しました。私たちの直感は、アクセス性、フレーミング、帰属などのバイアスを考慮しなければ、しばしば間違ってしまうのです。

カーネマンのアドバイスと私たちのアドバイスに従い、この業務開始前の準備期間では、より意図的な思考を適用するようにしてください。

コンピテンス

カーネマンと彼のパートナーであるエイモス・トヴェルスキーの洞察は、CCM（Conscious competence model意識的有能感モデル）とも密接に関係しています。CCMとは、人は新しいスキルを身につけるときには、次のような段階を踏むという習得段階モデルです。まずは、意識できず（unconscious）達成できない（incompetent）状態（＝何がわからないのかもわからない）から、できない（incompetent）ことを認識する（conscious）状態（＝できない

---

[2] George Bradt, 2017, "Follow This Nobel Prize Winner's Advice as an Executive Onboarding into a New Role," *Forbes*, August 9.

ことがわかったが、それに満足していない）を経て、意識すること（conscious）によってできる（competent）（＝考えながらであればできる）状態から無意識的（unconscious）にできる（competent）（＝直感的にできる）状態へと変化していくというものです。

　新しい組織や新しい役割に移るとき、あなたは有能な人から無能な人へと変わります。自分が無能な状態になっていることを認識せずにいると、古い直感に頼ってしまうため、トラブルに巻き込まれます。自分が無能な状態であることを認識していれば、熟慮して意識的に有能になることができます（例えば、イギリスからフランスに向かうフェリーを降りるときに、フランスでは道路の右側を走ることになっていると知って運転するのと知らないで運転するのとでは、雲泥の差があります）。

ステップ5. 個人的な環境とオフィスの　　セットアップを管理する

　準備期間のステップ5は、初日までに個人的な環境とオフィスのセットアップをしっかり管理することです。もし生活する場所自体も変わる場合には、どんなに努力しても、家庭内の段取りが落ち着くまでは、新しい仕事に全力を尽くすことはできません。住居、学校、交通手段などについて、時間をかけて検討することは、決して贅沢なことではありません。ビジネス上の必須事項です。また、引越しの規模が大きければ大きいほど、解決しなければならない問題は多くなります。

　オフィスにおいても同様に、初日を迎える前に、誰かがオフィスのセットアップを済ませてくれていることを確認しましょう。徐々に進めることも可能ですから、必ずしも完璧なセットアップである必要はありません。ただし、あなたのオフィスがあなたのアプローチについて正しいメッセージを送っているかどうかは確認しましょう。例えば、フォーマルな雰囲気なのかカジュアルな雰囲気なのか、機能的なイメージなのか、人が訪問しやすいウエルカムなイメージなのか、といったようなことです。

　こういったことを解決するのに、正式な就業前の準備期間ほど適した時期はありません。もし何もせずに初日を待っていたら、みんながあなたのパフォーマンスに対する第一印象や持続的な印象を抱いているときに、他のことに気を

取られてしまうことになります。本Chapterの最後にあるチェックリストを活用し、初日までに作業を完了させましょう。

　また、人事をパートナーに、あなたのニーズに対応し、文化的な同化を助け、計画を加速させる支援を確認します。それによって、インパクトのある初日を迎えることができます。**ツール2.7**と**2.8**を活用してください。

ステップ6．初日、序盤、そして最初の
　　　　100日間を計画する

　正式な業務開始前の準備期間のステップ6は、初日、序盤、最初の100日間を計画することです。このあいまいな準備期間には、学ぶべきことがたくさんあり、新しい職務に就くための道しるべとなるものですが、すべてを網羅するように設計されているわけではありません。むしろ、このプロセスは、新しい職務に就くための出発点だと考えてください。このプロセスをここまで進めることができれば、新しい組織の人々、計画、慣行、そして目的について、それなりに深く掘り下げて理解したことになります。

　デューデリジェンスと自己学習から集めた知識と、開始前の会話で学んだことを組み合わせることで、物事の背景を理解し、初日、最初の週、最初の100日間に何をしたいかを考え始めることができるようになるはずです。その知識ベースを使って、本Chapterの最後にある**ツール2.1**で、100日間計画のアウトラインを始めましょう。あなたがしなければならない最も重要な選択の1つは、文化にどのように関わるか（ショック、同化、収斂と発展）です。ですから、業務開始前の最後のこの期間に、どのアプローチをとるかの選択を再確認してください。

　ここで説明している正式業務開始前の準備期間のアプローチは、役割、機能、業界に関係なく、ほとんどすべてのシナリオで有効です。この方法に従うことによって、より良い結果をより早く得ることができると信じています。しかし、状況によっては、若干の改良を加えたり、追加的な手順を踏んだりする必要があります。この時期をマネージするにあたって他に考慮が必要なのは、以下の5つの状況です。

●リモートでのオンボーディング

- 内部からの昇進
- M&Aをリードする
- 事業再生または再開をリードする
- 海外へ移転する

M&Aや事業再生、再開をリードすることについては、後ほど別のChapterで詳しく説明します。

リモート・オンボーディングにおけるマネジメントの違い

さまざまな理由から、グローバルにおける働き方は、ますます物理的なオフィスからリモートワークへ移行しています。ある種の危機は、リモートワークをさらに促進させ、今後も続くと予想されることです。また、従業員もリモートでの働き方を求めており、テクノロジーがそれを可能にしています。そのため、重要なステークホルダーに直接会うことなく、リモートで新しい仕事を始める可能性も非常に高まっています。

新しい職務に就くエグゼクティブは、信頼関係を構築するために、感情や態度のレベルでコミュニケーションをとり、心を通わせなければなりません。そのためには、できるだけ少人数のグループで、親密な雰囲気の中で対面するのが一番です。

パンデミックなどの危機的な状況やその他の理由で、直接会ってのミーティングができない場合は、ビデオ会議ツールを使って、できるだけ「物理的なギャップ」を埋めるようにしましょう。対面でのコミュニケーションは常に貴重ですが、ステークホルダーと直接会うまでに不確定なタイムラグがある場合はなおさらです。電話によるコミュニケーションは、次善策です。リモートミーティングでは、人々が自分の感情や態度を説明するための時間とスペースを十分に提供しましょう。

数十年にわたりコミュニケーションを研究してきたUCLA心理学部教授のアルバート・メラビアンは、彼の著書『*Silent Messages*』で、非言語コミュニケーションと感情や態度から相手のメッセージをどのように結論づけるかということについての研究結果を発表しています[3]。彼はこう述べています。

---

[3]　Albert Mehrabian, 1971, *Silent Messages*, Mason, OH: Wadsworth Pub.Co.

●感情や態度の７％は、話す言葉から伝わる

●感情や態度の38％はパラ言語、つまり言葉の発し方や声のトーンに由来する

●感情や態度の55％は表情から得られている

　メッセージやメッセージを送る人を好きになるか嫌いになるかには、感情や態度が強く影響するということです。メラビアン教授や私たちのアドバイスに従うなら、リモートでのオンボーディングに、できるだけ顔の表情を見ることができるコミュニケーション（ビデオ会議ツール）を取り入れることが、より良い結果を得ることにつながると言えるでしょう。

　リモート・オンボーディングでは、「水入らずの会話」の機会の不足を補うために、「業務に関する会話」と「個人的な親交を行う会話」を織り交ぜながら、より頻繁な交流機会を設定することが求められます。情報共有や問題解決のための小グループを混在させることで、チームから離れた場所にいることを余儀なくされている間でも、文化を深く理解することができます。

社内昇進におけるマネジメントの違い

　ここで述べている基本的な内容は、社内からの昇進や横異動の両方に当てはまりますが、いくつかの重要な違いがあります。

　　　コンテクストをコントロールすることはできないので、事前に準備し、必要に応じて調整できるようにする。コンテクスト（計画的なのか、非計画的なのか、暫定的なのか）を把握する。必要なリソースとサポートを確保する。流れに身を任せ、状況をコントロールするか、適宜、汚れ仕事に飛び込むことを選ぶ。

　　　暫定的な昇進や異動であれば、それが「適任者が見つかるまでのつなぎで、絶対にあなたではない」のか「専任になる可能性が十分にある試用期間中」なのか、「他の仕事に向かうための成長の機会としてこの仕事をする」のかを明確にします。いずれの場合も、その仕事に完全に従事することは、*職務の恩恵を受けることなく*、全く名誉はないものの、最も影響の大きい仕事に力を注ぎ、最終インパクトや栄誉を他の人に委ねることを意味します。

　　　*完全にきれいに仕上げるのは難しい*状況です。そのため、自分自身

のメッセージとトランジションをコントロールします。段階的な告知を管理しましょう（**ツール2.9**）。基盤を確保し、以前の活動エリアの継続的な成功を確かなものにし、その過程であなたを支援してくれた人々を承認しましょう。そして、正式業務を始める前の時間の一部を使って、前任者の遺産を評価し、何を残し、何を変えるかを考えます。

　　社内異動の場合、あなたはすでに組織や優先事項や文化を理解していると周囲が判断するため、「ハネムーン」はありません。そのため、正式業務開始後すぐに方向性を定め、または強化し、勢いをつける必要があります。明文化された戦略や事実上の戦略を発展させ、適切なペースで業務を改善し、組織を強化していきましょう。

Chapter 2　まとめ

　　正式業務開始前の準備期間（あいまいな準備期間）にすべき6つのステップ：

ステップ1．直面している状況や文化に応じて、リーダーシップのアプローチを決定する

ステップ2．主要なステークホルダーを特定する

ステップ3．現在考えうる最良の「エントリーメッセージ」を作成する

ステップ4．重要な人間関係を築き、学習を加速させる

ステップ5．個人とオフィスのセットアップを管理する

ステップ6．初日、序盤、最初の100日間を計画する

　　このアプローチは一般的な状況に適用可能ですが、遠隔地でのリモート・オンボーディング、内部からの昇進、合併、買収、組織再編、事業再生の管理、海外移転など、特定の状況においては重要な相違点があります。

- 私が直面している状況や文化を考慮した正しいリーダーシップのあり方とは何か？
- 上司・部下・同僚の主要なステークホルダーは誰か、また、このプロセスにおいて誰をサポートする必要があるか？
- 現在考えうる最良のエントリーメッセージは何か？

　すべてのツールの最新版、完全版、編集可能版はprimegenesis.com/toolsでダウンロード可能です。

ツール2.1

パーソナル面の100日間ワークシート

● なぜこの仕事を希望したのか？

　なぜ受けたのか、なぜその仕事・役割が自分に合っていると思ったのか、初心を記入する。

● 仕事とは何か？

　会社名、役職、役割、自分やチームの目標や優先順位、周囲への影響などを、組織の目標や戦略（現在理解しているもの）との関連で記入する（※1）。この役割は、これまでの役割とどう違うのか？　この役割を担うリーダーとして、これまでと何が違うのか？

● なぜあなたを選んだのか？

　あなたの何がその仕事／役割にふさわしいと判断されたのか、あなたの理解を記入する。あなたのどの強みを最も評価し、行動、人間関係、態度、価値観、環境のすべてにおいて、あなたが会社の文化に適合し、彼らのやり方で仕事をすることができると考えたのはなぜか？

　リーダーシップのアプローチは、コンテクスト、文化、リスクを評価して決める。

1. **コンテクスト**

   この組織では、どの程度の変化が必要なのか？（※2）

2. **文化**

   組織は、どの程度変わる準備ができているか？（「準備ができていない」から「変わる準備ができている」まで）（※3）

3. **組織、役割、個人的なリスク**

   リスクは低いか、管理しやすいか、使命を果たせるか、乗り越えられないことはないか？（※4）

   1、2、3を組み合わせて、リーダーシップのアプローチを1つ選択する。（同化させる／収斂・発展させる（早くかゆっくりか）／衝撃を与える）

●コミュニケーション

ステークホルダー：最も重要なステークホルダーの名前と肩書きを記入し、多様性、公平性、包括性（DE&Ｉ）の機会とリスクに言及する。

上方向：あなたの上司、その上司、取締役（影の取締役）、主要株主、債権者、その他あなたに指示ができる人たち

横方向（組織横断的関係）：社内の仲間、社内外の顧客、社内外のサプライヤー、同盟者、補完者、政府、規制当局、コミュニティ、メディア、アナリスト、活動家、ブロガー、インフルエンサー

下方向：直属の部下、間接的な部下

●メッセージ

変化のための機会、ビジョン、行動喚起は、メッセージの見出しやコミュニケーションのポイントを伝えるための生データとなる。DE&Ｉを考慮し、まずアイデアを考え、言葉は後で選ぶ。

変化のための機会（Why）：なぜ変わらなければならないのか／変われるのか？　外部の状況や志の変化、目的に目を向ける。

ビジョン（What）：どんな明るい未来を思い描くことができるのか？成功はどのようなものだろうか？

行動喚起（How）：どのようにすれば、具体的な行動を起こせるか？

この役割において、私はどのようにリーダーとして認識さ
　　　れたいのか、あるいはされる必要があるのか。
ヘッドライン：バンパーに貼るステッカーのようなコンセプト（1～5語）
で、自分の言動が相手に与える印象とその核になることは何かを考える。
具体的な言葉よりも、考え方が重要。
主なコミュニケーションのポイント：3つ考えて記入。

●初日の前に

個人のセットアップ：家族も引越すのであればそれに必要なこと。イン
ターネット、パソコン、電話、パスワードなどオフィスで必要なもの。
迅速な学習の開始：消化すべき情報を横断的に収集する。

1．*技術的側面*—会社の製品、顧客、技術、システム、プロセス
2．*文化的側面*—行動、関係、態度規範、価値観、環境（DE&Iを含む）
3．*政治的側面*：どのように決定がなされるのか、誰がその決定権を持
　　つのか、誰のサポートが必要なのか⇒共有された現実／不文律（暗
　　黙のルール）

段階的な告知：あなたが新しい職務に就くことによって、誰が感情的な
影響を受けるかを確認し、他の人より先に1対1で告知する機会が必要
になる。また、直接影響を受ける人は、間接的に影響を受ける大きな集
団が公開情報として知る前に、情報を知るべきであることを念頭に置いて、
彼らが質問できるような小グループで告知するために、誰にいつあなた
の就任を知らせるかを計画する。

新しい組織への移行

ａ．最も重要なステークホルダー数名と対面または1対1のビデオでミー
　　ティングを行う。対面またはビデオどちらにすべきか注意する。
ｂ．他の重要なステークホルダーと電話会議をする。コミュニケーショ
　　ン方法（ツール）に注意する。
　　　以下に該当する場合はスキップする：内部からの昇進、誰かから
　　のバトンを受け継いでのリスタート、チーム合併
ａ．前進するためのリーダーシップチームを特定する。

ｂ．チーム内の個人と対面またはビデオ・ミーティングを行い、安心させる。

ｃ．最初のリーダーチームミーティングを対面またはビデオで行い、段階的告知計画を共同作成する。

　　（誰が、何を、いつ〈事前、就任告知中、就任発表後〉どのように知らされるのか）。

●初日／序盤

初日と序盤の具体的な行動を決める。誰と会うか？　いつ？　どのような場で？　どのようなシグナルを送るか／どのようにメッセージを強化するか？

正式な入社日を記入する（新しい給与体系になったときが目安）：

実際にチームを率いることになる「初日」の日付を記入する：

ウェルカムセッション：

一般的に、スピーチを伴わない大まかな挨拶（不可能な場合は、１〜２分のビデオで、その組織に入り、一緒に仕事をすることへの気持ちを伝える）

新しいリーダー／オーナーの同化セッション：

組織内の上位15〜25名とのセッション（ライブまたはバーチャルで実施可能）

メッセージを行動に移す：

あなたのメッセージを伝える活動を行う "Be. Do. Say"：姿勢を見せる、行動する、言う（ライブまたはバーチャル）

対面する／部門を訪ねる：ステークホルダーたちを訪ねる（ライブまたはバーチャル）

電話・ビデオ通話：ステークホルダーを訪ねる

●戦術的能力の構成単位

高パフォーマンスのチームをどう作るか。

戦略面

心を燃やす命題：リーダーチームが、ビジネスプランにつながる説得力のある必須事項を共同で作成し、コミットするためのワークショップ（ライブまたはバーチャル）を開催する可能性がある。もしチームに自信がない場合は、コンサルティング・アプローチ（ワークショップまたはコンサルティング、ライブまたはバーチャル）を使う。目標期日（30日目までと思われる）を記入する。

オペレーション

マイルストーン管理：運用プロセスの開始〜45日目まで。

いつ、誰が、何をするのか、ビジネスプランの核となる部分。開始日を記入する。

早期の勝利：最初の60日間でジャンプスタートし、6カ月後までに完了する必要がある。開始日を記入する。

組織的役割：チームに関する意思決定をする日を決める（その後、時間をかけて浸透させる）

コミュニケーション

マイルストーン、ビジネスレビュー、戦略、運営、組織計画を更新するための日次／週次／月次／四半期／年次の会議フローを含むその他の重要なコミュニケーションステップ。

変革

貢献者から熱心なチャンピオンへ、傍観者から貢献者へ、経営陣から妨害者を排除し、時間をかけて文化に変化を定着させるためのステップ。

自分自身

アクセラレータ：自己評価＋ステークホルダーからのフィードバックで軌道修正し、勢いを持続させる。

（※1）重要なことは、組織のコア・フォーカスを理解することです。

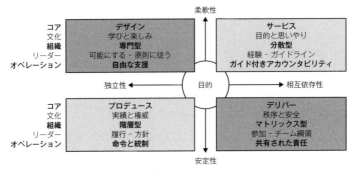

（※2）以下を参照しながら評価する。

    a．歴史的背景—創業から今に至るまで

    b．最近の業績

    c．事業環境—6Cの分析も考慮する

    顧客、協力者、文化、能力、競合、条件⇒SWOT

（※3）以下を考慮して文化、特定のリーダーを評価する。

    認識：組織として変革の必要性を認識しているか？　［低⇔高］

    意思：変えたいのか？　［低⇔高］

    スキル：変えるノウハウを持っているのか？　［低⇔高］

    能力：彼らは変革に対する帯域幅を持っているのか？　［低⇔高］

      BRAVE（行動、人間関係、態度、価値観、環境）の次元を見る。特に、ワークライフバランス、健康とウェルビーイング、人間関係、気候変動や不公正（DE&I、宗教、ジェンダー、LGBTQなど）に関する組織の立ち位置に対する感度や感性の変化に注目する。

（※4）リスクプロファイルの評価について、より深く検討したい場合は以下を考慮する：

●組織のあり方：SWOT／持続可能な競争優位性から

●役割ミッションと他の組織との連携：持続／発展、始動／再始動

●個人：あなたの強み（生まれ持った才能、学んだ知識、実践したスキル、苦労して得た経験、まれに職人レベルの芸術的配慮や感性）、モチベーション（理想の仕事条件や長期目標との整合性）、あなたの望ましい働き方と組織文

化との適合性など。

(ツール2.2)
コンテクストアセスメント

ビジネス環境―6C

顧客	満足度が低い	……|……|……|……|…… 満足度が高い

| 協力者 | 好戦的 | ……\|……\|……\|……\|…… 支援的 |

| 文化 | 不明瞭・影響なし | ……\|……\|……\|……\|…… 明解・影響あり |

| 能力 | 遅れている産業 | ……\|……\|……\|……\|…… 最先端産業 |

| 競合 | 我々より進んでいる | ……\|……\|……\|……\|…… 我々より遅れている |

| 条件 | 不利 | ……\|……\|……\|……\|…… 有利 |

組織の歴史

創設者の意図：

組織の英雄たち：

指針となるストーリーや伝説：

最近の業績

絶対的・相対的な業績最近の傾向

ポジティブな推進力

ネガティブな推進力

変革の必要性　緊急性は低い　……\|……\|……\|……\|…… 緊急である

ツール2.3
コンテクスト／カルチャーマップ

　このツールを使って、組織の変革の**必要性**と**準備状況**をマップ化し、その結果から、アプローチの仕方を選択する。

強い変化へのニーズ	収斂と発展を素早く行う		衝撃を与える
今すぐ変える必要はない	同化する		収斂と発展をゆっくり行う
	文化を変える準備が できている		文化を変える準備が できていない

ツール2.4
リーダーシップの変化

前職の役割〔　　　　　　　　〕　　　新しい役割〔　　　　　　　　　　〕
リーダーシップスタイル：
行動：
時間配分：

すべきこと：
項目１（時間配分の％）
項目２（時間配分の％）
項目３（時間配分の％）
　　…

マネージする・リードする：
項目１（時間配分の％）
項目２（時間配分の％）
項目３（時間配分の％）
　　…

コミュニケーションプランニング

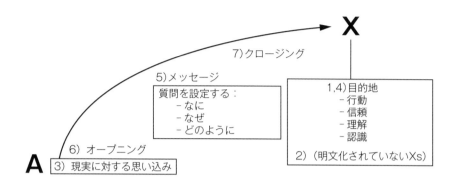

1．目的地を明確にする

あなたの話を聞く人や組織の構成員に求める反応や行動は何か？

具体的に、相手に理解してもらいたい、信じてもらいたい、言ってもらいたい、やってもらいたいことは何か？

2．明文化されていないXを明示する。聞き手にどう思われたいか？

3．現状を把握する

あなたの話を聞く人や組織の構成員は、現在、あなたについての何を理解し、信じ、言っているのか？　それはなぜか？

潜在的な障害、ネガティブな噂、妨害行為、法的要件、予期せぬ結果、シナリオを含むリスクマネジメント計画を作成する。

4．あなたの話を聞く人の想定に照らして、目的地を再評価する

5．ギャップを埋める

現在の現実から目的地へ向かうために、人々は何を意識し、理解し、信じる必要があるのか？

6．コア・メッセージと主要なコミュニケーション・ポイントを作成する（最大5つのコア・メッセージ）

7．メッセージを包括する

コア・メッセージをどのように包括すれば効果的か？

どのようなデータが必要か？

オープニングメッセージは？

クロージングメッセージは？

8. メッセージを配信する

あなたの話を聞く人や組織の構成員にアプローチするための最適な手段は？　最適な組み合わせは？　メッセージを発信する最適なタイミングは？　誰が、何に、どのような影響を与えるのか？

どのようにフォローアップの種をまくのがベストなのか？

9. 展開する

他者との会話や交流から学んだことをもとに、どのようにメッセージを修正すると良いか？

ツール2.6

オンボーディングの会話でのフレームワーク

オンボーディングの会話で聞くべき質問（通常聞くべきすべての質問に加えて）。必ずしも1つの真実ではなく、複数の視点を求める。

1. 学習

全般的にみて、状況をどのように考えているか？

どのような強み・能力が必要か？

現在、どのような強み・能力があるのか？　具体例は？

2. 期待

重要な優先課題は何だと思うか？　優先順位が低いものは？　現在触れてはいけないことや手が出せないことは何か？

それらの優先事項に対して投資できるリソースは何か？

3. 実施

管理ポイント（指標やプロセス：ミーティング、報告書）についての示唆は何か？

私たちが行うべき重要な意思決定についての示唆は何か？　どのように、誰が決めるのか？　どのように決定されるか？

①A単独で決定

②Bの意見を取り入れてAが決定

③AとBで決定

④Aの意見を取り入れたBが決定

⑤B単独で決定

あなたとのコミュニケーションはどのような方法が最適か？（モード／マナー／頻度／意見の相違点？）

（ツール2.7）

パーソナルセットアップ
引越しのチェックリスト

大至急

□セットアップ：引越しファイルの作成、カレンダーを示すなど

□引越し業者を選ぶ。複数の入札と推薦状を入手

□引越し先の学校について調べる。公立？　私立？

□子どもたちに関わる重要な記録は、安全なフォルダーにまとめて持ち歩く

□赴任先の不動産屋を選定

□現在の住まいを売却または賃貸するための手配

□渡航書類（パスポート、ビザ）を確保し、家族やペットの渡航手配

□仮住まいが必要な場合に備えて、仮住まいの方法の調査

□自分の持ち物をよく見て、手放すもの、売るものを分類

□雇用主への提出や税金関連の準備のための引越し費用の記録の開始

□赴任地に関する情報収集を開始

引越しの１カ月前

□住所変更届（自治体、国税庁、購読料、請求書など）の記入

□医療記録、歯科記録、レントゲン、処方箋の履歴の取得

□新しい街／国に当座預金口座と貸金庫の設置

□荷造りする前に持ち物の棚卸し

□引越し当日の手伝い（特に子どもの世話）を手配

引越しの2週間前

□移動（旅程）に関わる予約を確認
□絨毯や衣類のクリーニングと引っ越し用梱包の依頼
□銀行口座解約と新しい銀行への送金
□引越しの際の住宅所有者または賃借人の保険適用の有無を保険代理店に確認
□親しい友人や親戚に、移動のルートやスケジュールを伝える

引越し日の1週間前

□新住所への公共サービスの切り替え
□電話など重要なサービスの事前手配
□貴重品（重要書類、宝飾品など）の貸金庫からの回収、など

退去日

□貴重品をすぐに持ち出せる状態で安全な場所へ保管。重要な書類、通貨、宝
　石類は持参または書留郵便や宅配便で送付
□引越し業者にチップを渡す習慣がある場合は、手元に現金を用意
□水、飲み物、スナック菓子を適切な場所に用意

入居日

□ダメージなどを含む現況を記録するための電話やカメラの用意
□荷物を搬入する人、荷物を適切な場所に誘導する人の手配
□水、飲み物、スナック菓子を適切な場所に用意

オフィスセットアップチェックリスト

□オフィス、または働く場所

□デスク

□椅子

□オフィスでの態度（堅苦しいフォーマルなふるまいなのか、歓迎的でカジュ
　アルなものなのか）

□来客用椅子

□ソファー

□テーブル

□キャビネット

□ホワイトボード

□フリップチャート

□視聴覚機器

□従業員番号

□セキュリティパス

□鍵

□駐車場

□パソコン

□ノートパソコン

□電子メール／システムへのアクセス

□電話／ボイスメールへのアクセス

□携帯電話

□文房具

□ファイル

□名刺

□渡行経歴書

□サポート

□エグゼクティブ・アシスタント

段階的な告知

---

1. **ステークホルダー**（社内外）
   感情的な影響を受ける人：
   直接的な影響を受ける人：
   間接的な影響を受ける人：
   影響が少ない人：

2. **メッセージの内容**
   変化のための機会：　　　　　　　　　ヘッドライン（見出し）：
   ビジョン：　　　　　　　　　　　　　メッセージのポイント：
   行動喚起：

---

3. **事前発表のタイムライン**　（1対1、小グループ、大グループ）
   発表日前に誰に伝えるか

   1対1：
   発表日

   1対1：
   少グループ：

4. **正式発表**
   方法：　　　　　　　　　　　　　　　タイミング：

---

5. **発表後のタイムライン**（1対1、少グループ、大グループ、大人数）
   1対1：

   少グループ：
   大グループ：

初日を制する

力強い第一印象を与える、
赴任のメッセージを確実にする

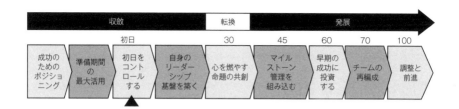

　人間の脳は「最初と最後に提示された情報を記憶し、途中の情報は忘れる性質がある」[1]そうです。最後のやり取りは常に更新することができますが、最初の印象はずっと残ることになります。よって、私たちは最初の印象につながる言葉、行動、順番、象徴するものなどについて、慎重に選ぶ必要があります。

　着任初日は非常に重要なポイントになるということです。この日、あなたの新しい役割にとって重要な多くの人々が、あなたに対する最初の、忘れがたい印象を形成します。正式業務開始前の準備期間中と同様に、自分自身の「BRAVE」（行動、人間関係、態度、価値観、環境）の好みとアプローチを再確認し、あなたが会い、すでに影響を与え始めている人について、注意深く考えてみましょう。

　初日の運営に唯一の正しい方法というのはありませんが、間違った方法はたくさんあります。すべては、最初に受ける印象なのです。同じものでも、人の

---

[1] Elizabeth Hilton, 2001, "Differences in Visual and Auditory Short-Term Memory," *Indiana University South Bend Journal*, 4.

ものの見方やフィルターによって印象は異なります。問題は、最初のやりとりをする前に相手のものの見方やフィルターを理解できないことです。そのため、唯一の正解がないだけでなく、具体的な状況に応じて最適な答えを導き出すことが難しい場合があります。あなたが何をするにしても、あなたを見ている人にシグナルを送ることになることを念頭に置いて、慎重に選択しましょう。

　これが、業務開始前の準備期間で人間関係や学習をスタートしておくことが重要である、もう1つの理由です。その強力なメリットの1つは、初日のさまざまな雑音に影響を受けることなく、重要な人たちに与える最初の印象を管理できることです。うまく管理することで、初期段階においてより良い選択をすることができるようになります。準備期間での強力な行動は、熟考された初日と相まって、悪い第一印象を与えるリスクを最小限に抑えるために大いに役立つことでしょう。

初日に何をするか？

　この質問は、他のどの質問よりも、私たちのクライアントを困惑させます。ほとんどのリーダーは、初日について十分に考え、計画することができていません。実際、ここまでの準備期間に素晴らしい仕事をしたリーダーでさえ、初日でつまずくことがあるのです。初日に何をすべきかを決めるとき、なぜかリーダーは自己満足に陥ってしまうことが多いのです。誰かが決めたスケジュールを受け身でこなす、あるいは、オフィス周辺の人たちに会ったり、必要書類を記入したり、荷物を解いたり、オフィスをセットアップしたりと、従来からある初日の活動らしいことをするつもりなのでしょう。

　そういった活動は初日にあなたがすべきことではありません。自分のオンボーディングを自分でコントロールするのです。初日のあなたの言動は、他の社員を鼓舞することになります。安っぽい動機づけではなく、これから起こることにワクワクするような意味のある言葉や行動で。初日の重要性を過小評価しないでください。初日を細心の注意を払って計画し、あなたのメッセージを、あなたが最も必要とする人たちに正確に伝えるようにしましょう。

　リーダーの初日は2つとして同じものはありません。なぜなら、あらゆる状況における変数の組み合わせにより初日の計画が異なるからです。しかし、初日を計画する際に考慮すべき一般的なガイドラインと原則は、次のとおりです。

個人に関わること：リーダーとして、あなたは人々の生活に影響を与えます。影響を受ける人たちは、できるだけ早くあなたとあなたの潜在的な影響力を理解しようと懸命になります。判断を急ぐこともあるかもしれません。そのことを常に念頭に置きましょう。

順序の大切さ：初日から数日間は、人と会う順番や、何をするのかのタイミングを慎重に決めましょう。物事を行う順序は、あなたの新しい役割において何が重要であるかを伝えるべきであり、また伝えることになります。よって、あなたが選んだ順序が、あなたが望むことを伝え、望まないことを伝えないように留意しましょう。

メッセージは大切：メッセージ（挨拶のストーリー）を持ちましょう。何を言い、何を言わないでおくかを知っておきましょう。人と話す際は、聞くことに重点を置きましょう。強い意見、長ったらしい自己紹介、すぐに自分を証明しようとする努力は、初日の戦術としては、ほとんど通用しないことを心得ておきましょう。人々は、早い段階であなたに対する意見をまとめたいと考えています。そのことを念頭に置きながら、いつ聞くか、いつ話すか、何を聞くか、誰に聞くか、そしてどう答えるかを決めましょう。話すときは、簡潔に、要領よく、有意義に。

場所の重要性：初日に出社する場所について考えてみましょう。指定されたオフィスに出勤することがデフォルトになっているわけではありません。特に、リモートで仕事をする人が増えている現在では、この傾向が顕著です。

しぐさや象徴するものも大切：言葉だけでなく、あらゆるコミュニケーション方法を意識してください。「BRAVE」（行動、人間関係、態度、価値観、環境）を考えましょう！

タイミングの重要性：初日は、給料が発生する最初の日と同じである必要はありません。どの日を「公開」初日とするかを決めれば、順番や場所の選択が容易になります。また、時差がある場所にいるステークホルダーとのバーチャルミーティングを計画する場合は、タイミングも重要です。関係者を排除したり、都合の悪い時間帯に参加させたりしないように注意しましょう。

スケジューリングの重要性：初日がコースから外れることはよくあることです。カレンダーを使い、30分刻みで1日の計画を立てましょう。漫然と計画を立てている場合ではありません。

初日で終わらせない：達成したいことのすべてが初日に収まらない可能性は十分にあります。最初の1週間は、ここまで述べてきた初日のアプローチで進めてください。

ツール3.1は、こうしたことを考えるための便利なチェックリストです。

初日のプランを慎重に選択する

これまでのガイドラインと、準備期間に得た知識を活用すれば、初日の計画を立てるのに十分な準備が整うはずです。どのような行動が特に効果的で強力なのか、その兆候を探り、その項目をアジェンダに組み込んでください。

多くの人は、組織内のできるだけ多くの人との直接またはテレビ会議や電話会議などで、初期のミーティングを行うことに価値を見出します。他の人たちにとっても、あなたをくまなく見ることができるチャンスです。ミーティングであなたが何を話すかは重要ですが、ほとんどの人は、挨拶以上のことは覚えていないでしょう。もし覚えていたとしても、あなたが言わなければよかったと思うようなことを覚えているはずです。ですから、安全な選択肢は、シンプルに「こんにちは」と言うことです。

「ここに来られて、皆さんから学び始められることをうれしく思っています」と、この時点ではそれ以上のことを言わないことです。

もう1つの貴重なツールは、「新リーダーの同化セッション」です。このChapterの最後にテンプレートがあります（ツール3.2）。このセッションは簡単に展開でき、誰もが本当に聞きたい質問を、大勢の人が同時に聞ける場で引き出すのに効果的です。これによって、AさんがBさんへのメッセージをフィルタリングし、Bさんがまたフィルタリングして……といった伝言ゲームを防ぐことができるのです。

噂は常に立つものです。しかし、ウィルフレッド・ジャービス研究所のリン・ウルリッチが考案し、ゼネラル・エレクトリック（GE）で深く展開されたこのプロセスは、噂、因習、誤報の大部分を一掃するのに非常に有効です。

従って、できるだけ早く、できれば入社初日に実施しましょう。このセッションは、新しい職務に就く新しいリーダーや、買収後間もない新しいオーナー、株式非公開企業による新しい投資など、さまざまなシナリオで効果を発揮します。

　新しいリーダーの同化モデルは、買収統合シナリオの初日・初期に適用することができます。新しいオーナーの組織への同化や、その他のツールやアプローチについてはChapter 12に記載します。

「車輪」を再発明しない： プロトタイプのアジェンダを活用する

　エグゼクティブの初日には２つとして同じものはありませんが、すでにあるモデルから始める方が簡単な場合も多いものです。そう、自分の考えだけでなく、他の人の考えも参考にすれば良いのです。

　以下のサンプルアジェンダを、独自の初日を作るためのガイドラインとして参考にしてください。

- 上司との早朝ミーティングで再確認とアップデートを行う
- コーヒーやジュースなどを飲みながら、広範囲の人に対して挨拶する（それ以上の接点は持たない）
- 適宜、１対１のミーティングを実施する
- 新しいリーダーの同化セッション（**ツール3.2**）を直属の上司とその直属の部下とで行う
- キーメッセージを強化するために午後アクティビティ／ミーティング／散策などを行う
- 終業後に、よりカジュアルな挨拶をするためのカクテルやコーヒーを飲みながらの会合に参加する
- 必要かつ適切な場合には、礼状やお礼、フォローアップのためのボイスメールを送る
- 上司や役員とのつながりを保つ習慣を始めるために、適宜、簡単なコミュニケーションをとる

初日にやってはいけないこと

　計画的な初日の威力を伝えるには、他の人の初日の体験談を紹介するのが一番かもしれません。

　ある会社で、新しいCEOによって、新しい最高顧客責任者が採用されました。前任の最高顧客責任者は、後任のオンボーディングプランを担当していましたが、興味深いことに、彼は新任の最高顧客責任者を巻き込んだプランを構築していました。

●プレスリリースで広く（お客様にも向けて）発表する
●全事業の数％しかない部門にも目を向ける
●最初の１カ月にはお客さまとのミーティングはしない

　前任の最高顧客責任者が、自分をよく見せようと、後任者に失敗するように仕組んでいるように見えました。幸いなことに、私たちは後任の最高顧客責任者が就任する前に事態を収拾することができました。

　初日を自分でコントロールすることをあきらめてはいけません。上司や人事部からの情報収集は必要ですが、それが自分のメッセージと一致しない場合は、反論してください。何事もコミュニケーションであることを忘れずに。

　その他、いくつかの注意事項があります。

●悪意のある人につかまらないように気をつける（前出のように、誰もがあなたの利益を一番に考えているとは限らない）
●自己紹介にパワーポイントを使わない。誰もあなたのことを第一の関心事として気にしているわけではない。あなたの存在が彼らにとって何を意味するのかを気にしている。誰もが、たった１つの疑問を持っている。"私にとってどんな意味があるのか？"
●私生活について、あまり多くを語らない
●前の会社のことは（良いことも悪いことも）何も言わない。なぜまだそこにいないのか、という疑問が湧くのみ
●誰かの悪口は決して言わない
●医師の予約を入れるのは控える

- アパートや家を探すために帰らない
- 遅刻をしない
- 元同僚とランチミーティングをしない
- 昼食時にアルコールを摂取しない
- 軽いジョーク以外は言わない―油断は禁物
- 政治的な意見を言わない
- 引越し荷物の搬入設定のために、過度に電話での時間を費やさないこと
- 不適切な服装をしない
- オフィスを飾らない
- うまくいかなくても慌てない

心にとどめておきたいヒント

　初日をマネージする：すべてがコミュニケーションであるとは言え、あるコミュニケーションは、他のコミュニケーションよりも重要です。初日の行動は、忘れがたい印象を残します。「初日」を再定義してでも、アジェンダをコントロールしましょう。

心にとどめておきたいヒント

　初日は、**同化**のための重要な機会です。歓迎を受け、他の人と一緒に仕事を始める際には、人事部の助けを得てください。同化は一大事です。うまくやれば、はるかに物事が楽になります。うまくいかなければ、人間関係のリスクが生じます。基本的なオリエンテーションの他にも、大きな違いを生み出すことができることがいくつかあります。人事部などに、あなたを手助けする公式・非公式なシャドウネットワークにあたる人たちとのオンボーディング面談を設定してくれるよう依頼してみましょう。人事部やその他の人に頼んで、こうしたネットワークと定期的にチェックインすることも有効です。それによって、もし職場や仕事に問題がある場合は、早めに知ることで、調整することができます。

Chapter 3　まとめ

　新しい役割の開始時には、あらゆることが誇張されます。従って、自分のすること、言うこと、しないこと、言わないこと、そしてそれらをどのような順序で行うかについて、特に慎重になりましょう。

　初日を計画する際に、心に留めておいていただきたいことがいくつかあります。

● **まずは、*個人としてのあなたのこと*：**リーダーとして、あなたは人々の生活に影響を与えます。その人たちは、できるだけ早くあなたとあなたの潜在的な影響力を理解しようと懸命になります。判断を急ぐことさえあるかもしれません。そのことを常に念頭に置きましょう。

● **順番の大切さ：**初日から数日間は、人と会う順番や、いつ何をするかというタイミングに注意しましょう。

● **メッセージの大切さ：**確固としたメッセージを持っておきましょう。何を言い、何を言わないかを認識しておきましょう。聞くことに重点を置き、強い意見、長ったらしい自己紹介、そして、自己を証明しようとする努力は、初日の戦術としてとるべきものではありません。人々は、早い段階であなたに対する意見を形成したいと考えています。そのことを念頭に置きながら、いつ話を聞くか、いつ共有するか、何を聞くか、誰に聞くか、そして何か聞かれたら、どう答えるかを決めましょう。話すときは、簡潔に、要領よく、和やかに、そして有意義に。

● **場所も重要：**初日に出社する場所について考えてみましょう。指定された職場に、何の準備もなくいきなり出勤するのはやめましょう。

● **しぐさやシンボルも大切：**言葉だけでなく、あらゆるコミュニケーション手段を意識してください。

● **タイミングの重要性：**なにも給与が発生する日を初日に定める必要はありません。どの日を初日とするかを決めることで、順番や場所の選択が容易になります。

● **スケジューリングの大切さ：**初日は30分刻みで計画を立てましょう。

初日のプラン

公式な初日：

実際の初日：

あなたのメッセージ：

エントリープラン（詳細に、日付も記入）

初回の大人数でのグループミーティング：

初回の少人数ミーティング：

新リーダーとしての就任日：

その他社内ステークホルダーとのミーティング：

社外ステークホルダーとのミーティング：

外部ステークホルダーとの電話：

食事—朝食、昼食、夕食：

オフィスなどを歩きまわる時間：

メッセージを伝える行動：その場に出向く、“Be. Do. Say”（姿勢を見せる、行動する、言う）活動（ライブまたはバーチャル）

1日の終わりのサンキューメモまたは電話：

（ツール3.2）
新リーダーの同化セッション

ウルリッチとGEが作り上げた新リーダーの同化セッションでは、取り組まなければ悪化してしまう問題が組上に載せられ、即座に解決されます。新しいリーダーとしての役割を担い始めた最初の数日間、または数週間に実施するのに有効なセッションです。

ステップ1：簡単な自己紹介とセッションの目標を簡潔に説明し、関係者全員（チームと新しいリーダー）でプロセスを確認する。

ステップ2：新しいリーダーは一度退出し、チームメンバーから質問を出す。

1. 新しいリーダーについて知りたいこと：
   （職業や個人の希望、夢、噂、先入観、心配ごとなど）
2. チームリーダーとしての新しいリーダーについて知りたいこと：
   （新しいリーダーはチームのことをどの程度知っているのか、チームの優先事項やワークスタイル、規範、コミュニケーション、噂など）
3. 組織の一員としての新しいリーダーについて：
   （組織について何を知っているか、その適合性をどう考えているか、優先事項、前提、期待、噂など）

   次に、チームメンバーも、新しいリーダーに提示する次の質問に答える。
4. 新しいリーダーが新しい役割で成功するために必要なことは何か？
   課題トップ3は何か？
   効果的に活動するための秘訣は何か？
   何か新しいリーダーのためのアイデアはあるか？

5．すぐに対処しなければならない重要な問題は何か？

　　今すぐ応急処置が必要なことはあるか？

　　新しいリーダーが知っておくべき困難な分野はあるか？

6．その他の質問やアイデアは？

　　聞くことが怖いと思っている質問は何か？

　　その他のメッセージは？

ステップ3：新しいリーダーは、再度チームに合流し、質問に答え、話や意見
　　　　　　　に耳を傾け、学ぶ。

注：リモートチームの場合、ファシリテーターは事前にグループから質問やコ
メントを集め、統合し、重要なトピックに優先順位をつけ、グループビデオ通
話でリーダーに提起することができる。

文化を発展させる

多様性を活かす

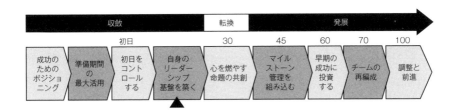

収斂			転換		発展			
		初日	30	45	60	70	100
成功のためのポジショニング	準備期間の最大活用	初日をコントロールする	自身のリーダーシップ基盤を築く	心を燃やす命題の共創	マイルストーン管理を組み込む	早期の成功に投資する	チームの再編成	調整と前進

　リーダーは、有意義でやりがいのある共通の目的を実現するために、周囲を鼓舞し、力を与え、力を合わせて全力を尽くします。しかし、優れたリーダーになるためには、人々がなぜあなたに従うのか、あなたは何をすべきなのか、そして、どのようにしたらあなたに従う人々を助けることができるのかを知らなければなりません。リーダーシップ、文化、コミュニケーションは表裏一体であるため、次の２つのChapterでは、この３つすべてを取り上げ、あなたのリーダーシップの基礎を築き、チームに戦術的な能力をもたらすための橋渡しをします。

　　"できると思うからできるのだ" ウェルギリウス（古代ローマの詩人）

　目標は、自信のあるチームを作ることです。４つの分野で委任し、信頼関係を築くことで、チームの自己信頼を引き出すことができます。

1．**方向性を示す**：方向性を示すことで、他の人がついてくるようになります。まずは、解決しなければならない問題や、つかむことのできる機会から始めましょう。

彼らが*何*を達成すべきかを明確にしましょう。そして、それをどのように達成するかを決めてもらいます。最後に、適切なガイドラインや戦略的な境界線の中で、自分たちのやり方でできるようにすることによって、自信を持たせましょう。

2. **権限**：直感に反すると思われるかもしれませんが、包括的な権限よりも境界を定めた権限の方が、より自信を深めることができます。戦術的な決定に対する戦略的な境界線は、他者からの批判を気にすることなく戦術的な決定を下すことができるという自信を人々に与えます。

3. **リソースを提供する**：あなたが必要だと思うリソースを与えるのではなく、*彼ら*が必要だと思うものを尋ねてください。そして、それらのリソースを組み立てる、あるいは利用可能なリソースで物事がうまくいくように手助けをしましょう。

4. **説明責任を果たす**：彼らが成功すると信じます。委任した人に自信を持ち、彼らと彼らのアプローチに対するあなたの自信を示しましょう。彼らの自信を引き出すために、途中の節目となるステップで、彼らの功績を認め、讃えましょう。

すべてをまとめる：幸運にも、自信を持たせてくれるようなトップエグゼクティブや経営者に従ったことがある人なら、その気持ちがわかるはずです[1]。永続的な偉業を築くことに心を砕き、他人を第一に考え、重要なことを執拗に追い求める人について行く気持ちがわかるでしょう。"Be.Do.Say"[※]を実行している人に従ったことがある人は、それがどのようなものかわかるでしょう。そのような人たちに対して、人として、代表者としてのあり方を見て、あなたは尊敬をしたのではないでしょうか。つまり、あなたは、自分を信頼し、自分を良くしてくれて、自分の自信を引き出してくれる人について行く気持ちがわかっているということです。

※「Be.Do.Say」（ある・する・言う）：自分たちがありたい姿であることを目指し、そのために実際に行動し、言うべきことを言うこと

---

[1] George Bradt, 2019, "How Great Leaders Bring Out Others' Self-Confidence," *Forbes*, November 5.

意図的に文化を発展させる

　この時点で、あなたはすでに業務開始前の準備期間を活用して素早く学習し、その過程で計画を練り直し、すべての主要なステークホルダーと強固な関係を築き、あなたとあなたのチームのためのリーダーシップ育成計画を立てているでしょう。あなたは、新しいメンバーに明確なメッセージを伝えることで、初期の印象を強く残すことができました。それはすでに、変革のための基盤をつくり、チーム（上司・部下・同僚）への行動の呼びかけをしたということです。あなたのチームはすでに関与しています。

　考えを一致させ、まとめ、急速に組織の文化を発展させるのか、収斂しながらゆっくり発展させるのか、今の仕組みに衝撃を与えるのか、自分のリーダーシップのあり方を決定したことになります。その状況で最高のリーダーになるためには、行動面で何を変える必要があるかを認識しました。

　どのコースを選んだにせよ、今こそ文化に目を向けるべき時です。組織の文化に対するあなたの洞察力は、おそらく最初よりも鋭くなっていることでしょう。あなたは今、文化を*意図的*に発展させ始めることができる立場にいます。

　実は、これは大変重要な基盤なので、決してこの段階を飛ばして進めないでください。新任のリーダーが陥りがちなのが、文化のことを忘れてしまったり、文化が未確定にもかかわらず、なんとなく望むユートピアへと発展していくだろうと思い込んでしまったりすることです。あなたが、チームを目標に向かわせるポジティブで深く根付いた強力な力として文化を発展させ、価値と献身を感じる熱心なステークホルダーを生み出したいと思っているのならば、<u>あなたが</u>、<u>あなたこそが</u>、明確な意図を持って行動しなければなりません。

　「BRAVE」フレームワークは、行動、人間関係、態度、価値観、環境を見ることで、文化や性格を比較的簡単に、しかし、しっかりと評価することを可能にします。そして、それを"Be. Do.（言動）"と掛け合わせます。言葉は重要ですが、人の行動はしばしばその言葉と一致しません。そして、たとえ言葉と行動が一致していても、その根底に信念がなければ、いずれ露呈してしまいます。ゴールドマン・サックスの元CEO、ロイド・ブランクファインは、ニューヨーク・タイムズのアンドリュー・ロス・ソーキンに、「長い目で見れば、人格というものは、いつも最悪のタイミングで露呈するものだ」と語っています[2]。

個人や団体が公の顔として見せる行動、人間関係、態度、価値観、環境を超えて見ることで、本当は何が起きているのかを明らかにしましょう。ある人は、人格や文化を「誰も聞いていない、見ていないときに信じていること、考えていること、言っていること、やっていること」と定義しています。

　では、文化的な発展をスタートさせるための、シンプルな3つのプロセスを紹介しましょう。

1. **現在の状態を定義する**：組織（チーム）で運用されてきた現在の価値観や行動指針を明確にすることから始めます。どの組織にも、定義された文化的要素と定義されていない文化的要素があることを心に留めておいてください。その両方を探します。この段階では、現在の文化の否定的な側面も把握することが重要です。この時点で、あなたがまだ経験していない文化的側面があることはほぼ間違いありません。ですから、この作業は一人でやらないようにしましょう。文化は常にチームスポーツなのです。現状を正確かつ完全に把握するためには、グループとしてチームに参加する必要があります。次に、「BRAVE カルチャーアセスメントツール」（あなたの状況に合うように、異なるサブディメンションに変更したもの）を活用して、現状を文書化し、明確にします。

2. **望ましい文化的到達点を定義する**：次に、組織全体の幅広い人々（上司・部下・同僚）を巻き込んで、新しい理想の文化の要素を共同創造します。重要な価値観、指導原理、必要な行動について、チームと幅広く意味のある話し合いをしましょう。「キープ」「ストップ」「スタート」——「何がうまくいっているか？」「何がうまくいっていないのか？」「何をやり続けるべきか？」「何をやめれば良いのか？」「何をやり始めるべきか？」を問いかけます。常に、企業文化を発展させ、競争と勝利に貢献できるようにすることを念頭に置き、自分たちがどうありたいかを明確にしましょう。**ツール4.1**を使って、これらの会話を補強し、BRAVE 文化のディメンションに照らして、組織としての現状をありたい姿と比較して評価してください。各構成要素の各側面について、現状と望ましい状態を記録します。

2　Andrew Ross Sorkin and Ephrat Livni, "When Business and Politics Mix, 'Character Really Counts,'" *New York Times* (January 9, 2021).

3. **文化発展のロードマップを作る**：一晩で組織文化を変えようとしても決してうまくいきません。その代わり、まず最も重要な要素を選び、望ましい発展を遂げるためにどのような行動や習慣を変えなければならないかを決定します。先に行った「キープ」「ストップ」「スタート」の質問に対する答えを練り直す良い機会ともなります。コミュニケーションの一貫性を強化し、望ましく新しい状態を支える行動や習慣を認識し、それに報いるようにします。これは、多段階のアプローチだと考えてください。発展させることを選んだ最初の要素で文化的な変化が見られたら、次に進み、次の最も重要な要素に取り組みます。この計画が進展するにつれて、それはあなたの最大の競争力となる勝利の文化を創造し、維持することへつながるでしょう。

あなたが学び続け、将来のビジネスの方向性に対してチームが緊密に連携するにつれて、あなたが望む文化の目的地と発展のロードマップは変化します。チームが、後述する「心を燃やす命題ワークショップ」で今後の焦点を共同作成した後には、文化的到達点と文化的発展のロードマップを調整することを忘れないようにしてください。

文化形成のためのツール

ロードマップができたら、企業文化を発展させるのに役立つツールを活用しましょう。ここでは、最も大きな効果を発揮するツールをいくつか紹介します。

パフォーマンス・フィードバックとレビュー

パフォーマンス・フィードバックとレビューのプロセスは、いくつかの方法でチームに適応させることが可能です。まず、正式な文書によるプロセスでは、測定可能なビジネス目標だけでなく、会社の行動や価値観に関する評価（数値を含む）を強制的に含めるようにします。このプロセスには、複数のステークホルダーからのインプットを含むようにして、総合的な視点を提供しましょう。このような公式的な討議の場でフィードバックを行う場合は、詳細かつ具体的に行うことが重要です。「文化を高める」行動と「文化を損なう」行動の具体例をしっかりと提供しましょう。

個人と会社の改善のために、建設的なフィードバックが行われ、受け入れら

れる文化を模範としてください。否定的なものも肯定的なものも含めて、その場でフィードバックできるようにしておきましょう。

報奨・表彰

報奨と表彰は、公的なポジティブフィードバックと考えましょう。ビジネス目標に対するパフォーマンスだけでなく、企業文化を高める行動や価値観を示すことも評価するシンプルなプログラムを導入します。最初は、何が表彰に値するかをマネージャーたちが感じ取れるように、プロセスをコントロールします。このプログラムが一貫して適用されると確信が持てたら、マネージャーや社員が仲間や同僚を表彰できるようにします。積極的なフィードバックをすればするほど、積極的な行動につながるでしょう。

コミュニケーション

積極的な社内コミュニケーション・プログラムは、企業文化を発展させるための活力源です。まず、あなたが推進する文化について、何を強化したいのか、メッセージを明確にしましょう。もし、チームが、顧客課題を解決するために、もっと緊密に連携する必要があるようであれば、例えば、「ランチ＆ラーン」などのプログラムを導入して情報を共有し、同じ見解を共有する機会にすることもできます。また、部門長などのリーダーチームのメンバーをスタッフ・ミーティングに招待し、それぞれの部門のニュースを共有するよう奨励することもできるでしょう。チームや文化をよりアグレッシブなものへと進化させようとしているのであれば、チームメンバーが積極的に行動し、リスクを取って、ビジネスを獲得した事例を称えましょう。

その他のツールおよびプロセス

以下の項目については、後のChapterで詳しく説明しますが、ここでは、組織の目標に沿った文化を形成するための総合的なツールとプロセスを紹介します。

「心を燃やす命題ワークショップ」：チームとして、そのミッション、ビジョン、バリュー、目標、戦略、そして結果を出すための主要行動計画を共同で作成し調整を行うためのセッション

「マイルストーン管理」：マイルストーンと目標を達成するために、チーム内に説明責任と協力を埋め込むプロセス

「早期の勝利」：チームの信頼と勢いを築く手段として、結果を出すことに過剰投資するプロセスとマインドセット

「役割分類」：ビジネスや文化的な目標を達成するために、チーム内に適切な役割があり、その役割にふさわしいプレーヤーがいるかどうか、一歩下がって判断する機会

「調整」：事前の期待に対する自らの進捗を評価し、ステークホルダーのフィードバックを得て、注力分野やリーダーシップのあり方を軌道修正するプロセス

多様性の活用、公平性の確立、インクルージョンの促進

　多様性、公平性、包括性（DE&I）は怖い話題ではなく、避けてもいけない話題です。むしろ、リーダーチームの基本的な優先事項として位置づけられるべきものです。しかし、皮肉なことに、チームビルディングの強力な一翼を担うこのテーマは、楽しくて愉快なリーダーの責任や文化を促進するものから、数字に基づく脅威的な話題へと変わってしまいました。

　分断しようとする者を排除し、団結する方法に焦点を当て、注意を向けましょう。それが、リーダーとしてのあなたの仕事です。

　リーダーとして、DE&Iを「プログラム」ではなく、「マインドセット」あるいは「文化の基礎的要素」として考える必要があります。そうすればチームは、知らず知らずのうちにDE&Iを受け入れ、実践することになるでしょう。多くの人々、特に若い世代にとって、企業が従業員にどのように対応し、どのように扱うかは、採用、定着、エンゲージメント、信頼に直接影響を与えます。これをうまく行う企業は、そうでない企業に対して大きな競争優位性を持つことになります。多様性を活用し、公平性を根付かせ、インクルージョンを促進することで、ミッション、ビジョン、目標の達成を加速させる勝利の文化を構築することができるのです。

　DE&Iは単なる数字ではありません。ノルマとしてこなすだけでは達成できません。人事部だけの基準でもありません。従業員ハンドブックに10個の方針

が追加されたから存在するわけでもなく、コアバリューに追加されたから実現するわけでもないのです。数字や方針は重要ですが、それだけではゴールは達成できません。多様性、公平性、包括性を高めるためには、トップダウン、ボトムアップ、ミドルアウトの行動と説明責任を追加する必要があります。

本書では、残念ながらこのトピックについて十分に議論する紙幅がありませんが、多くの問題と同様、あなたが何かのリーダーである限り、継続的に取り組むべき課題です。DE&Iを有意義かつ強力に文化として根付かせるために、何ができるかを考えてみましょう。

多様性の活用

多様性とは、人と人との間に存在する違いと考えてください。人種、宗教、性的指向、民族、国籍、年齢、政治的意見、社会経済的な障害や能力、言語など、さまざまな違いがあります。要するに、異なる経験に基づく視点ということです。私たちは皆、互いに多くの点で異なっており、それゆえに多様な視点を持って状況に臨んでいます。

アクセンチュアのCEOであるジュリー・スウィートは、「私たちは、多様性が私たちをより強く、賢く、革新的にし、クライアント、従業員、コミュニティのニーズにより良く応えることにつながると信じています」と語っています。

公平性を組み込む

公平性（エクイティ）とは、人材、計画、実践、そしてそれらを支える文化において、公正で公平であることです。これにより、誰もが平等にアクセスできるようになります。

エイブラハム・リンカーンは、「これらの人々が求めるのは、ただ公正さ、公正さだけだ。私の力の及ぶ限り、彼らも、他のすべての人も、手に入れることができるだろう」と言っています。

育成型インクルージョン

インクルージョン（包括性）とは、人々が招かれ、場に含まれ、歓迎されて

いると感じられるようにすることです。それは彼らの声が認められるだけでなく、よく聴かれるようにすることです。それによって、誰もが帰属意識、価値観、尊敬の念を持つことができるのです。

IBMのグローバル知的財産ライセンス担当副社長兼マネージングディレクターであるクラウディア・ブリンド・ウッディは、次のように述べています。「包括性とは、『そこにいることが許されている』だけでなく、『大切にされている』ことを意味します。私が常に言っていることは、『賢いチームは素晴らしいことをするが、真に多様なチームは不可能と思われたことを可能にする』ということです」

出発点

DE&Iについてよく耳にする比喩として、「多様性は、ダンスに招待されること」、「公平性は、ダンスフロアへの滞在が許され、演奏される音楽をリクエストできる平等な権利を持つこと」、「包括性は、ダンスをして欲しいと誘われること」というものがあります。優れたリーダーは、異なる視点を尊重しながら、すべての人に平等なアクセスと機会を提供し、帰属意識、価値観、尊敬の念を育む環境を作ります。

組織に同化する、収斂する、発展させる、衝撃を与える、そのどれをとっても、ほぼすべてのシナリオにおいて、活用、定着、育成が文化の中核となるように、DE&Iに細心の注意を払う必要があることを認識しておきましょう。真のDE&Iを達成することは特別な挑戦であり、何が本当に起こっているのか、どのように収斂させ、どのように育成するのかを理解するためには、変化にどのように影響を与えるかに対する思慮深いアプローチが必要です。

グレゴリー・ペニントン博士は、『*Influence and Impact*（影響力とインパクト）』[3]の中で、職場における偏見や差別について考え、対処する方法について、5つの考慮事項（調整、情報、実証、交渉、変革）というフレームワークを用いて紹介しています。それを新しいリーダーであるあなたのために言い換えてみましょう。

---

[3] Bill Berman and George Bradt, 2021, *Influence and Impact: Discover and Excel at What Your Organization Needs from You the Most,* Hoboken, NJ: John Wiley & Sons.

1．調整（Calibration）

　調整で最も重要なことは、自分が経験していること、あるいは経験する可能性のあることを、他の基準点と比較することによって評価する方法を見つけることです。これには、自分自身の他の経験や、他の人の経験と比較することが含まれます。これは主に内面的なプロセスであり、他の分野の焦点の基礎となるものです。キャリブレーションの威力は、あなたが描いた状況の枠組みやそれに対する自分の責任に影響を与えることにあります。

2．情報（Information）

　情報に焦点を当てると、さらなるデータソースの収集や自分の経験のコンテクストを広げることの重要性が強調されます。情報に焦点を当てることで、個人、リーダー、組織のパターンや影響についての見通しを立てることができます。内部的なプロセスから、データの蓄積と共有を行うことで外部的なプロセスへ移行します。情報の力は、それを誰とどのように共有するかにあります。

3．実証（Demonstration）

　実証に焦点を当てるということは、自分自身や他者が組織から期待されるレベルのパフォーマンスを発揮できると証明することに重点を置くことです。それはまた、他者や組織がパフォーマンスの失敗を、変数に基づく不公正を正当化の理由として利用する可能性を排除するための努力でもあります。実証は外的なプロセスであり、その力は、自分自身と他者を納得させることにあります。組織として結果を出すという本質的な必要性から判断されることを、自分自身も他者も納得することです。

4．交渉（Negotiation）

　交渉の焦点は、調整、情報、実証を活用して、組織が求めるものと、あなたや他の人々が求めるものをすり合わせることです。

　これは明らかに対外的なプロセスであり、相互作用的なものです。交渉における力点は、行動の変化を観察可能な結果につなげることにあります。

5．変革（Transformation）

　変革は5番目の領域で、リーダーとして他者と組織を変革する機会に力点を

置いています。これまでのステージで蓄積された影響力を活用するときです。このプロセスは内的、外的の両方であり、そのパワーの源は、あなた自身が他の人を変えることに真剣に取り組み、そうするために対人的および組織的な影響力を持つ立場にあることから得られます。効果的に他の人をこのプロセスに巻き込むことによって、その力を発揮することができます。

このフレームワークを企業の戦略、オペレーション、組織の各プロセスに適用すると、多様性、公平性、包括性は、企業文化の中に組み込まれたときに最も大きな影響を与えることがわかります。しかし、これは一度だけの作業ではなく、組織のあらゆる側面にこれら5つの考慮事項を継続的に展開することを必要とします。繰り返し実践することで、企業文化の根幹をなす要素になります。

リーダーとしての最初の100日間では、多様性、公平性、包括性を受け入れる文化づくりのために、いくつかの簡単なステップから始めることができます。

1. **現在の方針を知る**：すぐに取り組む。現在のDE&Iポリシーと文化的規範に精通する。不足している部分を改善する
2. **事実を把握する**：多様な人材の採用、育成、昇進についての方針と目標に照らして現状を把握し、意思決定やその他の重要なプロセスが実際にどの程度包括的であるか（ないか）について観察する
3. **トーンを設定する**：コミュニケーション、特に行動を通じて、DE&Iを重視し、組織の重要な一部とすることを明言する。共感と情熱が不可欠であることに注意する。最も重要なことは、あなた自身のすべての行動でそれを示すこと。性別、宗教、民族、性的指向、政治的意見、年齢などに関係なく意見を表明し、耳を傾けてもらえると明示する
4. **人事との連携**：DE&I文化を活用し、定着させ、育成するための行動や原則を強化し、改善し、浸透させるために人事部と連携する
5. **利点の認識を高める**：確固としたDE&Iポリシーの利点について話し、議論し、明示する。DE&Iの文化が、組織のブランド、革新性、創造性、採用、人材確保、幸福感などをいかに高めるかについて、チームを教育する
6. **違いを伝え、奨励し、受け入れる**：議論を促進する。違いを大切にする。より良い解決策を促進する。包容力と協調性を育む。コミュニケーションを尊重し、オープンにする

7. **チームを励まし、力を与え、支援する**：DE&Iについて皆と話す。何を、どのように考えているのか聞く。手助けが必要なのか、どのようなリソースが必要なのか、チームメンバー全員がこのプロセスに参加できるようにする

8. **企業文化の構築に着手する**：人材の獲得、育成、成功のための計画などに関する的を射た方針と実践を通じて、多様で公平、かつ包括的な文化の構築に時間をかけて取り組む

9. **説明責任を果たす**：DE&Iの目標に対する個人のパフォーマンスとチームの結果を測定する

　多様性を活用し、公平性を受け入れ、包括性を促進する文化を創造し、その一員となるためには、早い段階から上記のステップを踏んでDE&I文化の基礎を築くことが必要です。そうしなければ、トップレベルのリーダーに近づくことはできないでしょう。覚えておいてほしいのは、DE&Iは単なる数字やノルマ、チェックリストではなく、文化として深く刻み込まれなければならないということです。

　今の時代、DE&Iを大切にする文化を作れないということは、リーダーとして失敗しているとすら言えます。この点について、一生懸命に取り組んでください。努力する価値があります。成功すれば、あなた自身、あなたのチーム、そして世の中全体が良くなるはずです。

Chapter 4のまとめ

● **リーダーは、周囲を鼓舞し、力を与え、力を合わせて全力を尽くす**　(1)方向性、(2)有限の権限、(3)リソース、(4)説明責任において、いかに委ね信頼を構築するかによって、相手の自信を引き出すことに注力しましょう。

● **意図的**に目指す文化への道筋を示し、変化を促すためにリーダーとして何を変えていくのかを考えましょう。

● **多様性、公平性、包括性**は、企業文化に組み込まれるべきものです。多様性、公平性、包括性がもたらすメリットを最大限に活用するためには、トップダウン、ボトムアップ、ミドルアウトから行動を起こし、説明責任を遂行する必要があります。

自分に問いたい質問集

- 自分自身のリーダーシップのあり方が明確になっているか？
- そのアプローチをサポートするために、行動面で何を変える必要があるのかが明確になっているか？
- 自分は、目標とする文化とその次の発展段階を明確にしているか？
- 自分たちがどこへ向かっているのか、そしてなぜそうするのかを他の人たちも同じように明確にしているか？
- 多様性、公平性、包括性に関して、具体的で実践的な進展が見られるか？
- 自分のチームでは、多様性をどのように*活用*しているか？
- 包括性をどのように*育んで*いるか？
- 自分たちはどのように公平性を*根付かせている*か？

　すべてのツールの最新版、完全版、編集可能版はprimegenesis.com/toolsでダウンロード可能です。

文化発展のロードマップ

<u>目的地</u>

ディメンション1　ディメンション2　ディメンション3

保持する（Keep）

自分たちがリードする方法

仕事の進め方（プロセスや手順）

関わり方

コミュニケーションの方法（双方向）

高める（Boost）

自分たちがリードする方法

仕事の進め方（プロセスや手順）

関わり方

コミュニケーションの方法（双方向）

取り除く（Eliminate）

自分たちがリードする方法

仕事の進め方（プロセスや手順）

関わり方

コミュニケーションの方法（双方向）

コミュニケーションを
マネージする

リモートチームとのデジタルコネクションの重要性

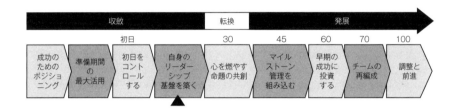

あらゆるものがコミュニケーションになります。あなたがやらないこと、言わないことでさえ、あなたを観察している組織の全員に強力なシグナルを送るのです。

近年のコミュニケーション革命の中で、私たちはコミュニケーションのガイドラインを大きく変えようとしています。コミュニケーションは、論理的、連続的、継続的なコミュニケーション・キャンペーンとして扱いたいところですが、多くの場合、同時進行の会話として管理する必要があります。

初日から、後述の「心を燃やす命題」を共同作成するまでの間のコミュニケーションの処方は、このプログラムに従う新しいリーダーにとって、自制心と手腕を必要とします。心を燃やす命題を創り上げるまでの間は、ほぼ常に「まとめる」ことに終始することになります。

つまり、まだ本格的なコミュニケーション活動を開始することができないのです。立ち上がって、自分の新しいアイデアを人に伝えることはできません。もしそうすれば、それはあなたのアイデアであり、チームのアイデアではなくなってしまいます。

ですから、チームと心を燃やす命題の共創に至るまでの期間は、多くのこと
に耳を傾け、学ぶことが主題です。あなたの学習は、あなたのメッセージによ
って方向づけられるでしょう。あなたは自分のメッセージを実践することにな
りますが、もちろん、何らかのコミュニケーション・キャンペーンを始めるわ
けではありません。

　本Chapterでは、この時期に始めるかどうかは別として、後で必ず使うこと
になるコミュニケーションに関するポイントをいくつか挙げていきます。

どこから始めれば良いのか、
何を知っておくべきなのか

　初日以降、継続的なコミュニケーション活動を開始する前に、いくつかの重
要な要素に対処する必要がありますが、これらはいずれも不可欠なものです。
アプローチの基礎として、また、立ち上げ前に以下のことを行っておく必要が
あります。

1．ターゲット層の特定
2．包括的なメッセージの作成
3．コミュニケーションのキーポイントの決定

　この機会に、一旦立ち止まって、学んだことを踏まえてこれらの要素を再考
し、現時点でベストなアイデアを正確に反映してみるのも良いのではないでし
ょうか。

コミュニケーションで
エンゲージメントを高める

　「エンゲージされている従業員がより良い結果を生む」という証拠は、ます
ます増えてきています[1]。エンゲージメントは、エンゲージされた人とそうで
ない人を二元的に区別するには、あまりにも重要でダイナミックな指標です。
その代わり、エンゲージメントを「コミット者」「貢献者」「傍観者」「妨害者」
という4つのレベルで考えてみましょう。

コミット者：コミットしている人は、目的、大義、そして他者のために良いことをすることに駆り立てられます。彼らは、望ましい結果を達成するために必要なことは何であれ、信じ、実行します。彼らの感情に触れ、一緒にやろうとしていることを直感的に信じられるようなシンプルで直接的なコミュニケーションによって、彼らのコミットメントを維持しましょう。

貢献者：貢献者は、自分たちの仕事が得意で、それが表れています。彼らは自分の仕事を楽しんでいます。彼らのアウトプットはポジティブで、フィールドでボールを動かし続けるのに役立ちます。彼らは重要なプレーヤーですが、必ずしもリーダーではありません。彼らと直接コミュニケーションをとることで、彼らは自分たちに何が求められているかを理解するでしょう。

傍観者：傍観者は、コンプライアンスを重視し、自分にとって何が良いかを第一に考え、基本的な欲求を大切にしている人たちです。従順な人々は、組織を傷つけることはありませんが、変革の主要な推進者ではありません。彼らは言われたことをやっているだけで、それ以上はしません。目標によって彼らが何をすべきかを認識させ、実際に実行させることが大切です。

妨害者：彼らは、中傷的でエンゲージされておらず、感情的に組織に見切りをつけてしまっている人たちです。変革のための機会、ビジョン、行動への呼びかけを信じません。彼らは、組織が求めることをしません。このような人たちは、完全に断絶しているため、離反者と見なされます。もし、彼らが新しいメッセージにすぐに反応しないのであれば、直ちに退場させましょう。

幸せの原動力は何かを考える

　チームメンバーは、誰しもハッピーでありたいと思っています。そして幸せな状態とは、下記のいずれかの組み合わせによって引き起こされると考えられています。

1．人のためになることをする
2．得意なことをする

---

[1] Steve Crabtree, 2013, "Worldwide, 13% of Employees Are Engaged at Work," Gallup, October 8.

3．自分たちのために良いことをする

　職場環境において、コミット者はこれら３つの要素すべてから動機づけられているため、通常、最もハッピーなチームメンバーの一人です。

　貢献者は、２番目と３番目の要素によって動機づけられています。そして、コンプライアンスを重視する傍観者は、３番目の要素に突き動かされています。しかし、不幸なことに、エンゲージされていない妨害者は、どの要素にも幸福を見出すことができません。

　特定の事柄のほうが、別の事柄よりよりもやる気が出る人がいるものです。人のために良いことをすることに集中すればするほど、他の幸福の要素もうまくいくようになります。マザー・テレサは、他者のために善を行うことだけに専念していました。その結果、自分の仕事も非常にうまくいくようになり、その仕事は自分にとっても良いものとなりました。チェリストのヨーヨー・マのような偉大な芸術家は、他人に与える影響や自分の報酬を気にせず、ただ芸術のために芸術を追求し、自分が得意とすることをすることに喜びを感じるのかもしれません。他方、ハリウッドのプロデューサーや俳優の中には、自分たちが作る映画の質よりも、自分たちのためになること、お金や名声を得ることに重きを置いている人たちもいます。

マズローの欲求

　心理学者アブラハム・H・マズローの理論の核心は、「欲求には階層がある」ということです[2]。最下層では、人々は生理的欲求と安全欲求を満たす必要があります。そこを満たすと「所属」と「尊敬」の欲求に進みます。そして、自己実現のための欲求に取り組むことができます。

　幸福とエンゲージメントのフレームワークにマズローの階層を加え、コミュニケーション・プランニングを少し加えると、この３つを織り交ぜたアプローチになります（**表4.1**）。

---

[2]　Abraham H. Maslow, 1943, "A Theory of Human Motivation," *Psychological Review* 50(4): 370-96.

表4.1　コミュニケーション・エンゲージメント・レベル

ニーズ	ハピネス	コミュニケーション	コミュニケーション	エンゲージメント
（マズロー）	原動力	アプローチ	結果	レベル
自己実現	人のために良いこと	感情的	信念	コミットメント
帰属意識／承認	得意なこと	直接的	理解する	貢献度
生理的／安全性	自分にとって良いこと	非直接的	意識改革	従順

満足度

　フレデリック・ハーズバーグは、企業経営に重きを置いた研究を行った最初の心理学者の一人です。彼は、職場における従業員の動機づけに関する二要因説で広く知られています。ハーズバーグによると、満足度を動かす2つの要素は、衛生要因と動機づけ要因であるとしています。衛生要因というのは、おそらく皆さんが考えていることとは異なっています。彼の理論では、仕事（職務）の不満は衛生要因に影響され、仕事の満足は動機づけ要因に影響されるとしています。

　衛生要因とは、会社の方針、上司の質、労働条件、給与、地位、同僚との関係、セキュリティなどのことです。衛生要因は、人々が不満を感じない程度に十分である必要があります。しかし、十分すぎてしまうと、リターンは著しく減少してしまいます。

　他方、動機づけ要因とは、達成感、評価、仕事そのもの、責任、昇進、成長といったものと定義されています。これらの要素を向上させることが、仕事の満足度を高め、それらが向上すればするほど、満足度は向上するとしています。

マズローの衛生学と動機づけ要因

　一般に、マズローの階層の最初の2つのレベルは、衛生面のファクターです。人々の生理学的な必要性および安全の必要性は、それらが問題でないレベルを超え、十分に満たされる必要があります。その上のレベルは動機を与える要因です。より多くの自尊心が醸成され、さらに自己実現がかなうことがより良いことだとマズローは述べています。

　「帰属意識」は、その中間に位置します。衛生要因よりも上位に位置します

が、それ自体では動機づけにならないことが多いのです。人はクラブや部族、ファン層に属したいと思うものですが、それはそのメンバーになることが自尊心や自己実現につながる場合にのみ重要なのです。

リーダーにとっての意味

あなたが率いる社員は常に成長しています。特に、危機的な状況や、リモートワークへの急速かつ大規模な移行があった場合、マズローの生理的、安全、帰属意識、自尊心、自己実現といった階層を上がっていくことができず、停滞することがあります。

そうなると、相手との関係を構築し直す必要があります。彼らがマズローの階層構造のどこにいるのかを見てみましょう。それと反して戦うことは、海の潮流と戦うようなものです。太刀打ちできません。

ワークライフバランス、健康とウエルネス、人間関係、世の中での居場所、その他のことに関する彼らの態度の変化に、あなたの影響を調和させてください。そして、マズローの階層の元いた場所、またはそれ以上の層に行けるよう支援します。

ストーリーテラーの長になる

リーダーシップ・コンサルタント会社TAIグループの創設者兼会長であるアレン・ショアーは、「ストーリー」が持つ力について興味深い見解を示しています。彼はこう提言しています。

● ストーリーは物語性（ナラティブ）を生む
● 物語性が意味を生む
● 意味は賛同をもたらす
● 賛同がパフォーマンスを生む

あなたが何かを語るとき、適切な選択をすることが重要です。正しいストーリーを選ぶことによって、その目的に賛同する人たちに影響を与えることはできますが、コントロールすることはできません。しかも、メッセージを伝えてストーリーを語るのは、あなた一人ではありません。他の人たちも、それぞれ

のやり方で、それぞれのストーリーを語ろうとするでしょう。ですから、あなただけが語り部ではありませんが、語り部の長になることは可能です。 コア・メッセージに沿ったストーリーを選ぶよう、他の人を導くことができます。

タッチポイント

「タッチポイント」とは、ターゲットとなるオーディエンスがあなたのメッセージに*触れる*瞬間、あるいはメッセージを受け取る瞬間のことです。効果的なコミュニケーションには、複数の場における複数のタッチポイントが必要です。そのためには、ターゲットとする人々の数と、その人々に接触する頻度の両方を決定する必要があります。対面での会話、電話、ビデオ会議、メモ、電子メール、テキスト、マスメディアやソーシャルメディアによるコミュニケーションなど、一連のメディアメソッドを計画します。

モニターと調整

コミュニケーションを始めると、私たちはたいていすぐにコントロールを失うことになります。人は聞いたことを他の人と関連づけるとき、自分のフィルターやバイアスをかけます。もし、あなたがそれに対しての調整や準備が不十分で、DE&Iにも配慮していないのであれば、恥ずべきことです。あなたのメッセージがどのように解釈されているかをモニターする仕組みを導入してください。チャンスを生かし、勢いをそぐような問題を回避する準備をしましょう。すべての事態に備えることはできませんが、さまざまなシナリオを想定しておくことによって、不測の事態が起こったとき、それらを出発点として対応できる可能性が高くなります。メッセージを発信したあと、それがどれだけ正しく受け取られたのかをどのように測定するかを決めておきましょう。ただメッセージを発信しただけでは、「成功した」とは言えません。メッセージが意図したとおりに受け取られているかどうかを、どのような方法で、どのような頻度で確認するのか、明確にしておきましょう。

何度もメッセージを繰り返す

　コミュニケーション活動では、繰り返しが重要です。何度も言いますが、繰り返しは不可欠です。そして、同じメッセージを何度も何度も繰り返すには、さまざまな方法と時間を作り出す必要があります。皆があなたのメッセージをしっかり受け止め、内面化するまでに、自分自身がそのメッセージ発信に飽きてしまうかもしれませんが、繰り返しましょう。決して、自分自身が同じメッセージの発信に飽きてしまったそぶりを見せてはいけません。エネルギーと情熱のレベルを高く保つようにしましょう。そして、その都度、聴く人に適したコンテクストで、メッセージを伝えてください。

早期の成功を祝う

　そうしているうちに、最初の6カ月間における早期の成功を確認できるはずです。一貫したキャンペーンを行って成功を収めるために、かなりの労力を費やしているはずです。そして、キャンペーンが完了したら、公の場で成功を祝いましょう。これは、チームに自信を持たせるためです。チームメンバーが達成感を味わい、素晴らしい気分になれるように時間を投資してください。

再強化する

　一方、どこかの時点で自信喪失の危機が訪れることがあります。チームが、あなたの変革に対する本気度や、その変革が本当に根づくのかどうかに疑問を持ち始めるときです。その危機的状況に備え、またその瞬間を利用して、それまでの努力を強化しましょう。

　まず必要なのは、危機を早期に認識するための警告システムです。この時点までには、組織中の人々の目や耳を通じて状況を読み取ることができるようになっているはずです。安心して何が起こっているのかをあなたに伝えることができる人たちです。マネージャーたちや直属の部下以外の人、あるいは、あなたとは離れたところにいて、真実を話すことに脅威を感じない人たちかもしれません。彼らが誰であれ、あなたはそうした人たちを知り、育む必要があります。先に説明した「コミット者」のグループにいることが多いでしょう。

危機が迫っていることを示す主な兆候は、否定的な人たちや反論者たちが、より大胆に頭をもたげている状況かもしれません。このような人々は、「心を燃やす命題」から発せられる当初の情熱が傾けられている期間には沈黙している可能性が高いのですが、いつまでも黙っていることはできないのが普通です。彼らがまた否定的な発言をし始めることは、危機の最初の兆候となり、あなたがそれを断ち切らなければ、彼らの考え方が組織に広がっていくでしょう。

　ですから、"再起動ボタン"を素早く押す必要があります。自分たちが変革に取り組んでいることを明確にし、コアチームを再編成し、コミットメントを確認します。コミット者や貢献者、つまり、チームの変革を推進するために努力している人を積極的に評価しましょう。そして、ビジネスや文化の発展の妨げになるような妨害者に対しては、対話などでのフィードバックやチームからの除外まで、あらゆる否定的結果を伴う行動をとる必要があります。この時点では、以下のようなステップを踏むと良いでしょう。

- コアチームを招集し、意見を収集し、必要に応じて調整する
- 全員参加の会議、ビデオ会議、電話会議で、進捗状況を強調し、心を燃やす命題を強化する
- 心を燃やす命題へのコミットメントを確認するフォローアップメッセージを記す
- コアチームの各個人にフォローアップの電話をかける
- 心を燃やす命題実現のための主要なマイルストーンごとに、コアチーム、その他のチームメンバーと一緒に、認識を再度強める
- 直属の部下より下のレベルの主要人物やグループと会う、または1対1で話をする
- 現場や工場の視察を行う
- コミュニケーションの効果を測定するための体系的な計画を実施する
- 報酬と表彰制度を導入し、優れた業績と支援行動を強化する

　　コミュニケーションネットワークの観点で考える：自分の核となるメッセージを見出しましょう。そして、それをもとに、複数のステークホルダーのネットワークと多様な媒体で、信頼性を土台にした同時進行の対話を繰り返し、重要なコミュニケーション・ポイントを導き出しましょう。効果的なコミュニケーションは大変な仕事ですが、あなたが行うことの中で最も重要で、最も永続的なものの１つになるでしょう。

　アメリカ赤十字の災害対策本部長に就任したチャーリー・シマンスキーは、140人の災害対策本部長や同僚を招いて、初めての会議を開きました。それは、まさにコミュニケーションのマスタークラスでした。講演者を紹介する壇上で、自らも講演し、旧友と再会し、厳しい対応を迫られた人々を抱きしめるなど、チャーリーは至るところを歩き回りました。彼はその場にいた全員の心をつかみ、情熱に火をつけました。彼の行動、メッセージ、そして彼の存在の端々から、メッセージが溢れ出ていたのです。

　そのようなセッションのためにどのような準備をしているのか、という質問に対して、チャーリーは、自分が何を言おうとしているのか、オーディエンスに何を聞かせたいのかということは考えない、と言っています。その代わり、オーディエンスにどう感じてほしいかを考えると言うのです。

　　「自分たちが中心になってやっているんだ、自分たちの成功は自分たちの肩にかかっているんだ、ということを感じてほしかったんです。彼らに誇りを感じてほしかったのです」

　一方で、一般的に、赤十字の災害対応ミッションのような「災害の犠牲者を救済し、人々の緊急事態に備え、準備し、対応できるよう支援すること」といったような大義名分を持つ人はそう多くはいません。

　でも、あなたには、あなたやあなたが導く人々にとって意味のある大義があるはずです。もし、それが重要でないなら、あなたはそこにいないはずです。ありたい姿を目指し、実践し、語りましょう（Be、Do、Say）。メッセージを発信して伝えましょう。行動によって伝えましょう。そして、メッセージを自

分自身のものにしましょう。そうすることによって、あなたの後に続く人たちもそれにコミットするようになります。そして、そのことをあなたも皆も誇りに思うことになるでしょう。

リモートチームや
ハイブリッドチームをリードする

いずれはリモートチームやハイブリッドチーム（一部リモートやパートタイムリモート）を率いることになる可能性があります。新型コロナの大流行により、リモートワークへの大量移行を余儀なくされましたが、10年以上前からリモートへのトレンドは著しく増加していたのです。突然のリモートワークの爆発的な増加は、その状況を一変させました。多くの雇用主は、従業員が生産性を上げるために常にオフィスにいる必要はないことを認識しました。また、人材を採用し、維持するためには、リモートやハイブリッドの選択肢が不可欠であることも認識されました。2021年初めにマーサーが行った調査によると、70％の企業が何らかのハイブリッドモデルの採用を計画していることがわかりました。

リモートワークを経験した社員は、オフィスでの仕事よりリモートワークの方が楽しい、好きだと言っています。リモートワークの利点として、通勤時間の節約、生産性の向上、ワークライフバランスの改善、愛する人たちといる時間や趣味のための時間の確保などが挙げられます。多くの人が、リモートワークが選択肢にない仕事はもう考えられないと言います。リモートワークは長い間トレンドでしたが、今では新しい働き方として浸透し、今後もなくなることはないでしょう。

リモートチームの管理は、相手がリモートであろうと、自分がリモートであろうと、あるいは双方リモートであろうと、いくつかの課題がつきまといます。ここでは、その中でも特に重要なものを紹介します。

行動規範の策定

ここまでに示された我々のアドバイスに沿っていれば、すでにこれらのポイントのいくつかをカバーしているかもしれません。まずは、ルールをチーム内に周知させ、場合によっては共同で作成する必要があります。

- 各々のミーティングに、どのようなテクノロジーを使用するか：例えば、チームミーティングや1対1の会議には、会社で承認されたビデオ会議システムを使用する。緊急の連絡はテキストメッセージで行う。チーム内のチャットには、会社指定のメッセージングアプリを使用する、といったように
- 稼働時間について同意する：誰もが同じタイムゾーンにいるわけではなく、誰もが同じ時間に働いているわけでもない
- 最低限の連絡頻度を決めておく
- ビデオ会議の行動規範を作る：例えば、全員のカメラの電源を入れる。会議は定刻に開始する。マイクは話しているとき以外はOFFにする。会議には必ず参加する。遠隔地にいるメンバーとは必ず先に連絡を取る。チャットボックスなどのテキスト機能を使い、より多くの人が参加できるようにする

対面コミュニケーション

　対面でのコミュニケーションは不可欠なものです。感情に左右される場面や、人間関係や信頼関係を築くことに最適です。五感（視覚、聴覚、触覚、嗅覚、味覚）をフルに活用します。

同期型と非同期型コミュニケーションの双方を展開する

　さまざまな場面で、さまざまな相手とのコミュニケーション方法を活用しましょう。ここでは「同期型コミュニケーション」と「非同期型コミュニケーション」について取り上げます。

同期型コミュニケーション：二人または複数の人々の間でリアルタイムに行われるものです。対面での会議、ビデオ会議、電話などはすべて同期型コミュニケーションの例です。即座の対応が必要なとき、個人的な触れ合いが必要なとき、より広いチームの一員であることを実感させたいとき、短期間またはそれほど複雑でない問題のときに使用します。ブレインストーミングや深くダイナミックな会話、初対面、営業活動、祝賀会、迅速な問題解決などに最適です。このタイプのコミュニケーションでは、明確な目的を持つことが大切です。

非同期型コミュニケーション：ある人が情報やデータを提供してから、受信者がそれを受け取るまでにタイムラグがあるコミュニケーションのことです。メール、Slack、Facebookなどがその例です。時間をかけて多様な意見を取り入れたいとき、時差のある場所で仕事をしているとき、回答者に考える時間を与えたいときなどに利用します。急を要する場合には使うべきではありません。

社会との交流の時間を作る

　リモートワークの環境は常に仕事一色になってしまわないように注意しましょう。リモートワークの環境はやや仕事一辺倒になり、チームや文化を結びつける接着剤である一般的な社会的交流がおろそかになりがちです。人間の動機づけを専門とする心理学者、ロン・フリードマンはこのように言っています。「例えば、スポーツ、本、家族など、仕事とは関係のないことについて話し合うことで、共通の関心事が明らかになり、人々は真の意味でつながり、より親密な友情と、より良いチームワークを生み出すことができます」[3]。

　リモートワーカーにとって、孤立感、孤独感、断絶感は現実的な問題です。このような問題に対処し、帰属意識を高めるために社会的な交流を促しましょう。これは従業員のエンゲージメント、幸福度、文化、そしてDE&Iにプラスの影響を与えます。

　遠隔地のチームとの交流を深め、促進する方法はたくさんあります。毎回の会議の最初の数分間は、仕事とは関係のない近況報告に充てましょう。バーチャルオフィスパーティーのための時間を確保し、バーチャルオフィスの小旅行、ゲストスピーカー、バーチャルランチ、ゲームなども良いでしょう。創造力を発揮して、楽しんでください。

---

[3] Ron Friedman, 2021, "5 Things High-Performing Teams Do Differently," *Harvard Business Review*, October 21.

あなたへの影響

　私たちの多くは、全員が同じ場所にいて、総動員可能なオフィス環境に戻ることはできません。リモートワークやハイブリッドワークの環境に合わせて企業文化やリーダーシップスタイルを発展させるか、あるいはすぐに時代遅れになるかのどちらかです。

　感情的になっている場合や、人間関係の再構築、また新しく入社してきた社員が最初の人間関係を構築する状況などでは、対面でのミーティングが必要になるでしょう。また、バーチャルミーティングの効率性を得るためにも、新しいテクノロジーを活用する皆の能力を高めることも必要でしょう。もはや、1時間のフォローアップ会議のために、わざわざ遠距離から出かけてくるというような状況は想像しがたく、ビデオ会議のほうが容易です。

　また、もしあなたが非同期式の仕事の仕方を有効に利用できていないとすれば、それは恥ずべきことです。従業員が自分の時間をより自由に管理できるようにすることで、オンデマンドで最新情報を入手できるようになり、あなたにとって最も都合の良い時間と方法ではなく、従業員自身が最善の思考を行うための時間と方法をあなたに提供できるようになります。

Chapter 5のまとめ

- **コミュニケーション**は、局面、ステークホルダー、メッセージに焦点を当て、さまざまなオーディエンスに対応し、継続的に適切な調整を行いながら、時にそれが適切な場合には、昔ながらの論理的かつ連続的なコミュニケーション・キャンペーンを展開してください（ただし、時間の経過とともにそのようなことは少なくなるでしょう）。
- **適切なリモートワークを奨励し、可能にすることで**、より多様な意見を引き出したり他者の時間管理の選択肢を広げることができます。

自分に問いたい質問集

- 私は、異なるオーディエンスごとにメッセージを修正しているか？
- オーディエンスにどのような行動を求めているのか、明確になっているか？
- 自分のメッセージの内容は説得力があるか？
- それぞれのコミュニケーションに最適なデザイン（形、会場）を考えているか？
- コミュニケーションの有効性を評価する手段を設計しているか？
- コミュニケーション手法は、すべての主要なステークホルダーに、それぞれに最適な方法で届いているか？
- さらなる多様なインプットとタイムマネジメントを可能にするために、適切なリモートワークを奨励しているか？
- 人々を熱心なチャンピオン（支持者）にするために、効果的な働きかけをしているか？

戦略への転換

着任30日目までに「心を燃やす命題」を共創する

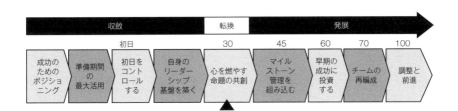

収斂			転換	発展			

初日 — 30 — 45 — 60 — 70 — 100

成功のためのポジショニング / 準備期間の最大活用 / 初日をコントロールする / 自身のリーダーシップ基盤を築く / 心を燃やす命題の共創 / マイルストーン管理を組み込む / 早期の成功に投資する / チームの再編成 / 調整と前進

　多くの場合、業務開始前の準備期間は、まだ誰もあなたに何かを期待していない時期なので、あなた自身でスケジュールをコントロールすることができます。初日のスケジュールを決めることができるか、少なくともそれに大きな影響を与えることができます。誰も、その時点で、この本を読んだ後に考え抜くほどのことをあなたに求めているわけではないからです。しかし、残りの100日間をコントロールすることは、はるかに難しくなります。なぜなら、100日間が開始したら、あらゆる種類の人があなたの時間をさまざまな種類の要求にさらすことになるからです。

　チームビルディングの時間を確保するのは大変かもしれませんが、共通の目標に向かい、高いパフォーマンスを発揮するチームを作ることが重要になります。ですから時間を作ってください。これが、あなたのリーダーシップの要諦です。

「心を燃やす命題」を創る

　他のすべての仕事やスケジュールをこなした上で、戦術的な能力を構築するための時間を作りましょう。その出発点の基盤となるのが、ヘッドライン、ミッション、ビジョン、バリュー、目標、ゴール、戦略、計画、そしてオペレーションのリズムからなる「心を燃やす命題」です。経験豊富な成功したリーダーは、ビジョンとバリューを中心に人々のベクトルを合わせ、緊急のビジネス課題に集中させることが最も重要であり、その意味で就任して最初の100日間は最も困難であると語ります。

　「心を燃やす命題」とは、チームメンバー全員が、「たった今何をすべきか」「この『心を燃やす命題』が、チームや組織の大きな目標にどのように作用するか」について、明快かつ明確に定義し、強く共有し、目的意識を持って緊急に理解することです。

　この「心を燃やす命題」と、「目的を共有すること」は異なります。この２つの違いは、タイミング、強度、期間です。通常、共有される目的が長期的なものであるのに対して、「心を燃やす命題」は、長期的な目的に向かって次の段階である今、活動を推進するものです。

　このような命題は、簡潔な説明文やキャッチフレーズに集約させる必要があります。アポロ13号の「乗組員たちを全員生きて帰らせる」の例を思い出してください。わかりやすく、明確に定義され、強く共有され、意図的な緊急性があります。それは、あらゆる些細な懸念に取って代わるものです。それは、「人類の知識を高めるために宇宙を探検する」という全体的な共有目的を置き換えるものではありません。「心を燃やす命題」は、その長期的な共有目的へとチームを前進させます。それこそ、あなたが目指すものです。

　2010年にチリ北部で起きた、33人の鉱山労働者が地下約700メートルに69日間も閉じ込められていた事件にも、同じことが見られました。救助隊が彼らを生きて引きあげることはおろか、遺体を回収することもできるとは、ほとんど誰も思っていなかったのです。しかし、17日間も誰とも連絡の取れないまま地下に閉じ込められていた鉱山労働者たちが、「全員生きている」というメッセージを地上に送ってきたのです。即座に「この男たちを生きて連れ出せ！」という「心を燃やす命題」が設定されました。そして、救助隊は世界中の人々の協力を得て、鉱山労働者らを無事に帰還させる方法を考案したのです。これこ

そが、「心を燃やす命題」です。

心を燃やす命題に向けてぶっ飛ばせ

　この、重要な責務を明確にする「心を燃やす命題」は、基本的に日々のリーダーチームの主要な焦点となります。このことと心を燃やす命題を確実に実行するための業務プロセスが、成功するチームと失敗するチームとを分ける最大の要因です。命題こそが、複雑な移行期を生き抜き、成功させ、加速させる鍵なのです。明確な緊急課題を持つチームは、チームメンバー一人ひとりが同じ方向を向いていると確信しているため、行動や反応に柔軟性があります。

　心を燃やす命題をどの程度のスピードで創り上げるべきかについては、誰もさだかではありません。このプロセスを引き延ばそうという議論もあります。間違った命題を選ぶリスクの方が、ゆっくり動くリスクよりも大きいというものです。確かに、それが当てはまるケースもあります。物事がうまくいっている場合は、物事を変える緊急性は低いものです。

　しかし、リーダーの交代は、そのほとんどが戦略的、運営的、または組織的に重要な変化がきっかけとなるものです。チームを新しい方向へ発展させるか、少なくとも同じ方向へ意味のある速さで前進させることが期待されています。早期に勢いをつけることができないと、それ自体が問題を引き起こす可能性があります。例えば、重要な顧客を失う、重要なチームメンバーが離脱するなど、前進を始める前に何らかのマイナス要因が介在すると、大混乱に陥る可能性があります。情報化が進み、変化のスピードが加速している環境では、たとえ物事がうまくいっていても、競合他社があなたのポジションに急速に追いついてきます。あなたは素早く行動し、動き出し、適切に適応する必要があります。

　30日目までに「心を燃やす命題」を、チームメンバーと創り上げてください。

「心を燃やす命題」は、戦術的な能力の中心です。全員が同じ考えを持つ必要があります。どのような方法論を用いても良いので、必ずそれを早期に導入し、命題を皆で創り上げてください。交戦状態での着陸には、チームメンバーの行動が急務であるため、迅速に行動することが不可欠です。30日目を過ぎるとリターンが少なくなるということではなく、実際に崖っぷちなのです。30日目を過ぎると、ほとんど危機感がなくなり、物事が不安定になり始めます。そのため、30日目までに何が何でもやり遂げなければならないのです。これは重大なことです。

コア・フォーカス

　具体的な「心を燃やす命題」の各要素に入る前に、組織の中核となる重点分野（コア・フォーカス）と、それが戦略面、運営面、組織面、文化面、そしてリーダーシップの選択全体において、どのようなテーマで展開されるかを明確にすることが重要です。

　デザイン、プロデュース、デリバー、サービスという4つの主要な領域があります。ほとんどの組織は、マーケティングとセールスに加えて、この4つの領域すべてを、ある程度、あるいはそれ以上行っています。自分の組織の中核となる重点分野、つまり、競争して勝つために最も得意としなければならない分野は何かを見極めましょう。この見極めは重要です。なぜなら、それによって、すべてのことを整合し、流れを作るからです。

　以下について一歩一歩を積み上げていく必要があります。

1. 4つの中核的な重点分野は、安定性—柔軟性、独立性—相互依存性の軸でマッピングされる（**図6.1**）。

図6.1　コア・フォーカス

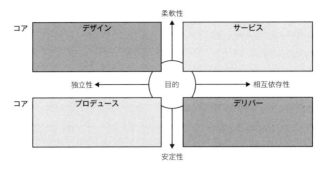

2．それぞれ異なる文化が必要であり（**図6.2**）、成功するためには、
　●デザイン重視の組織文化では、独立性と柔軟性に加え、学びと楽しみを重視する特徴がある
　●プロデュース（生産）重視の組織文化では、安定性、独立性に加え、実績や権威を重視する特徴がある
　●デリバー（納品）重視の組織は、*相互*依存性と安定性に加え、秩序と安全性を特徴とする
　●サービス重視の組織文化では、柔軟性と*相互*依存性に加えて、目的と思いやりを特徴とする

図6.2　コア・フォーカス文化

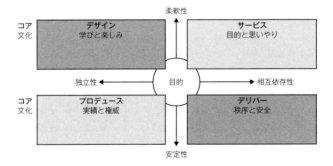

3．これらの文化は、組織や業務に反映される（**図6.3**）。
　●自由な発想で活躍する専門デザイナー

- 命令と統制で動く階層的な生産者
- 必然的に責任を共有するマトリックスとなる納品システム
- 最適なサービスの決定は、ガイドラインを伴なった説明責任をもって分散して行われる

図6.3　コア・フォーカスの組織運営

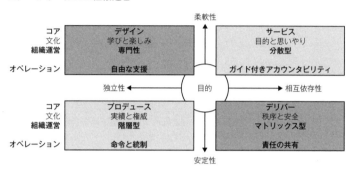

4．リーダーにとってそれらが意味すること
- デザインを重視する組織では、原理原則を有効にする必要がある
- プロデュースに特化した組織では、方針を徹底する必要がある
- デリバー重視の組織では、エコシステム全体にわたってプレーヤーを参加させる必要がある
- サービス重視の組織では、ガイドラインを与え、主要な経験（エクスペリエンス）を提供する必要がある（**図6.4**）

図6.4　コアフォーカス（**全体**）

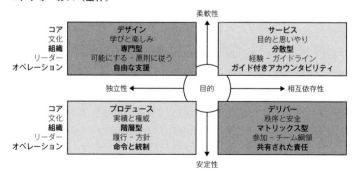

これらは、混ぜて使うようなものではありません。組織のコア・フォーカスを特定すれば、物事はうまくいきます。

心を燃やす命題の要素

　「心を燃やす命題」の構成要素は、ヘッドライン、ミッション、ビジョン、バリュー、目標、ゴール、戦略、計画、そしてオペレーションのリズムです。これらが一体となって、チームの実際の計画や行動を動かしていきます。

ヘッドライン：あなたの情熱を定義する、すべてを包み込むフレーズまたはキャッチフレーズ

ミッション：自分たちはなぜここにいるのか、何のためにいるのか

ビジョン：将来の姿―ありたい姿、目指す姿、成功の具体的なイメージ

バリュー：態度、関係、行動を導き、それらを支える信念と道徳的原則

目標：広義に定義された質的なパフォーマンス要件

ゴール：成功を定義する目標の定量的尺度

戦略：チームがどのように目標を達成するかについての幅広い選択肢下記の条件を提示する

　勝負する場所（製品・サービス、地域、チャネル、セグメント）

　勝ち方（成功を実現するための取り組み）

　能力（戦略的優先事項を実現するための知識、スキル、技術、プロセス）

計画：各戦略的優先事項を実現するためのプログラムの「いつ」「誰が」「何を」を明確化したもの

オペレーションのリズム：チームが共同でどのように計画を実行し、追跡し、学習し、発展させるか

オーナーシップとアカウンタビリティ：誰が何をするか、誰が最終的な責任を負うか、意思決定の権利、制限された権限、説明責任について明確に定義された選択肢

ミッションとビジョンの違いを混同している人がよくいます。時には、この2つを組み合わせてしまう人もいます。しかし、これらは異なるものです。ミッションは、人々が毎日何をするのか、なぜそれが重要なのかを導くもので、組織でどのような役割を果たすべきかを示すものです。ビジョンとは、将来の成功がどのようなものであるかを示すものです。これは、組織がクラス（分野）において最高である必要がある領域を定義するのに役立ち、全員が会社の本質を認識できるようにします。ベスト・イン・クラスとは、誰よりも優れていること、つまり優位性を意味するものです。*世界最高水準*とは、最高水準と同等であることを意味します。どちらも、「十分」という意味とは大きく異なります。両者には、それぞれ異なる明確な「心を燃やす命題」が必要です。

　同様に、人は「目標」と「ゴール」を混同します。目標はビジョンと定性的には一致しています（例：競合他社A社を抜き、市場で選ばれるプロバイダーになる）。他方、ゴールは定量的なものでなければなりません。いわゆる「SMART」、具体的（Specific）で、測定可能（Measurable）で、達成可能（Achievable）で、現実的（Realistic）で、時間的な制約（Time bound）があるものでなければなりません（例：今後3年間、各製品カテゴリーで収益を10%増加させる）。

　チームはしばしば、ゴールに言及したキャッチフレーズ（「10・10・10！」など）に頼ることがあります。しかし、リーダーであるあなたは、これを必ず目標と結びつけておく必要があります（例：新規ビジネスの安定したパイプラインを確保し、それに対して確実に成果を出す！）。ミッションがヘッドラインとして機能することもあります。ビジョンや優先順位が有効な場合もあります。重要なのは、方向性と説明責任について、全員が同じ考えを持つことです。

実現させる

　どのようにミッション、ビジョン、バリューなど個々の要素を構築し、チームにとっての重要な責務、「心を燃やす命題」としてまとめあげますか？　そのためには、コアチームとともに、各要素を構想し、形作り、決定することに時間を費やし、それらを全体的かつ統一的な「心を燃やす命題」として伝え、各自の役割と責任に集中させることが必要なのです。一見難しそうに見えるかもしれませんが、ひとたびプロジェクトが動き出し、チームがそのプロジェク

トに共感すれば、それだけで勢いと緊急性を持つようになります。チームに光が差し込む瞬間は、あなたやあなたのチームにとって、最もエキサイティングで忘れがたい体験となるはずです。

　方法はさまざまですが、チームに自信がない場合は、協議型のアプローチが最も効果的な傾向にあります。この場合、まず第一案の命題書を作成し、それから一人ずつ他のメンバーの意見を聞きます。この方法なら、会話の主導権を奪われることはありません。

　ツール6.1は、あなたとあなたのチームが、ミッション、ビジョン、バリュー、目標、ゴール、戦略、計画、およびオペレーションのリズムについて合意に達するよう設計されています。このツールは、「*共創*」という*言葉を用いて*います。あなたはおそらく、ミッション、ビジョン、目標、戦略などの構成要素をすでに頭の中に持っていることでしょう。また、紙に書いてあるかもしれません。チームメンバーも同意してくれるでしょう。しかし、彼らは思い付きのように同意していませんか？　彼らはそれを本当に信じていますか（かつて信じていましたか）？　その構成要素は最新のものですか？　刺激的ですか？　緊急性を感じさせ、目的意識を持った行動を促しますか？　チームメンバーは、自分たちのしていることを本当に切実なこととして捉えていますか？　単に「まあ良いこと」として捉えていませんか？

　リーダーとしてのあなたの仕事は、チームの全員がこれらの質問に純粋に「はい」と答えられるようにすることです。

　ブライアン・スミスはアイデアを展開する方法として、「伝える」「売る」「試す」「相談する」「共創する」を挙げています[1]。ほとんどの場合、最良のアプローチは共同で創造することです。一緒に創り上げることで得られる報酬は非常に大きく、記憶に残るため、そのプロセスだけでもサイロ化、混乱、無関心に対する最強の解毒剤となります。あなたの投げかけた自分たちチームのミッションを、チームメンバーに、たくさんの流行語を並べただけのものだと思われたくはないでしょう。しかし、悲しいことに、これは多くの「心を燃やす命題」の宿命なのです。

---

[1] Peter M. Senge, Art Kleiner, Charlotte Roberts, Richard B. Ross, and Bryan J. Smith, 1994, "Building Shared Vision: How to Begin," *The Fifth Discipline Fieldbook*, Boston: Nicholas Brealey, ch. 47.

命題ワークショップの前提は、「心を燃やす命題」をコアチームと共創し、全員がそれを共有することです。ミーティングの後には、組織内の他の人にコアチームと相談してもらいながら、「心を燃やす命題」をテストする必要があります。彼らは、命題を微調整する上で良い視点をもっているかもしれません。しかし、あなたとあなたのチームが共同で作成した命題の意味が損なわれないように注意してください。**ツール6.2**に遠隔ワークショップのガイドラインの概要を示しています。

　ただし、間違っても、組織全体で命題を作成させようとしないでください。一般に、理想的な会議の規模は五人から九人と言われています。五人未満のグループは、考え方に十分な多様性を見出すのに苦労します。また、九人以上のグループだと、空気を読むのに苦労します。また、人数が多すぎると、多くの人に受け入れられるものの、誰にも感動を与えられないものができてしまう可能性があります。コアチームと一〜二人のキーパーソンだけで創り上げることで、よりインスピレーションを感じるアイデアにチームを導くことができます。

多様性の活用

　また、この時期は、多様性を活用し、包括性を促進し、公平性を確保するための重要な時期でもあります。多様性を活用して、幅広い視点を得るようにしましょう。全員が参加し、自分の考えを気持ちよく共有できるようにすることで、インクルージョンを促進します。議論と活発な討論を奨励しましょう。公平性を確保し、全員が自分のアイデアを提供する機会を設け、「心を燃やす命題」実現への参加を促します。

　プロセスを通じて、誰かが黙っていたり、参加していなかったりしても、それはその人が何も言うことがないからだと決めつけないことが肝心です。積極的に参加を求めましょう。全員に参加するための時間と空間を与えましょう。もし、命題開発のために選んだリーダーチームが、組織や参入しようとしている市場を十分に代表していない場合は、そのプロセスにどのように異なる価値ある視点を取り入れることができるか熟慮しましょう。

　コアとなるグループでそれができないのであれば、「心を燃やす命題」をより広いチームでテストするときに、次のような視点を求めてください。「あなたから見て、これは目標通りですか？」「何が気に入りましたか？」「何か見落

としていることはないでしょうか？」「より良いものにするためのニュアンスの違いはありますか？」「他に意見を言うべき人はいますか？」——これらを尋ねなければ、真の意味での共創は実現できません。

　適切にワークショップが行われた場合、命題ワークショップは、多くの個人的な共有と対話を伴う集中的なセッションになります。チームメンバーや同僚について多くを学ぶことが期待できます。また、彼らはあなたについて多くを学ぶことでしょう。最終的に、あなたが持ってきたものと非常に近い「心を燃やす命題」を手に入れることができるかもしれません。しかし、そうならない可能性の方が高いでしょう。たとえ自分の提案とは違ったものになったとしても、それを通じた学びはすべての人にとって意味のあるパワーとなります。

　Ｔ・Ｓ・エリオットが著書『Little Gidding』の中で次のように言っています：

　私たちは探検をやめようとはしない。
　私たちの探求の果てにあるのは、私たちが出発した場所だ。
　そして、私たちは初めてその場所を知るのだ [2]。

ファシリテーション

　共創の環境を整える際には、リーダーであるあなたがこの命題ワークショップを進行しないほうが良いでしょう。進行役ではなく、参加者として参加することで、チームの意見や考え方に耳を傾け、理解することができ、真に共創された「心が燃える命題」を作り上げることができます。部屋の前方に立っていると、一緒になってそれを創り上げることは非常に困難です。対照的に、チームと一緒に座るというダイナミクスは、チームからの豊かで正直な対話を育む傾向があります。ワークショップはあなたのためのものではありません。あなたが望むのは、リーダーとしての自分のための「責務」を明確にすることではなく、*チームとしての「心を燃やす命題」を出現させる*ことなのです。ファシリテーターがこの演習を適当に終わらせることがないように気をつけてもらいましょう。チームを導くことに長けた、経験豊富な専門家を配置します。この演習でのファシリテーターは、成功を導くために非常に重要な役割を果たすことになります。

---

[2]　T. S. Eliot, 1943, *Four Quartets*, New York: Harcourt Brace.

ワークショップの参加とタイミング

　現実の世界では、あなたは既存のチームを引き継ぎ、既存の優先順位とスケジュールがあるでしょう。現行の仕事の合間を縫って、チームメンバーが2日間も座り込んで、手をつないでフォークソングを歌うようなことを計画する可能性は低いものです。これは現実の仕事です。命題ワークショップのツールは、現実のビジネス問題に焦点を合わせています。副産物として、強力なチームビルディングのエクササイズになります。

　それでも、このワークショップのために既存のスケジュールを調整することに抵抗のあるチームメンバーもいるでしょう。しかし、プランは死守しましょう。最初の30日間における多くの人にとって最適な日を見つけ、その日に予定が合わなかった人には予定を変更するかしないかの選択肢を与えましょう。この方法には2つの利点があります。

1. 80%ルールに沿って、物事を進めます。すべてが完璧にいくわけではありません。すべてのミーティングに全員が参加できるわけでもありません。あなたとあなたのチームは、他の人が追いつくのを助け、途中で調整しながら、できる限り前進していきます。
2. チームメンバーの態度やコミットメントを早期に把握することができます。すべてのものは双方向に伝わります。例えば、命題ワークショップにメンバーを誘うことは、それ自体、強力なメッセージを送っていることになります。しかし、もっと重要な用事があるからとそれを断れば、また別のメッセージが返ってきます。このような抵抗にどう対処するかは、ACESモデル（Chapter 2）に従って、同化、収斂、発展、または衝撃を与えるかどうかの重要な初期テストになります。

ロケーション

　私たちは、チーム全員が1つの部屋に集まり、2～3日間ひたすら作業をすることが、心が燃えるような命題を創る経験を最も成功に導くと確信しています。多くのチームが、このイベントのために世界中を飛び回っています。それだけの価値があるのです。この命題ワークショップをファシリテートした後、

クライアントからよくいただくコメントは、「全員が同じ部屋にいたことはとても貴重なことだった。もっと頻繁に行う必要があると思った」というものです。全員が同じ部屋にいることができれば、それがどこであろうと、とても価値があります。これを実現するために、クリエイティブになりましょう。たとえその場所にオフィスがなくとも、参加する従業員らのいる所から中心に位置する場所を選ぶクライアントもよくいます。

　可能であれば、このミーティングはオフサイトで開催することをお勧めします。いつものオフィスとは違う場所にいることのパワーは、時間、お金、労力をかけるだけの価値があります。このミーティングが重要で特別な会議であるというシグナルを送り、人々をオフィスでの典型的な気分から引き離し、心を澄ませて「心を燃やす命題」を創り上げるために必要な深い議論に飛び込んでもらうことができます。

バーチャルワークショップ

　リモートワーカーは今後も増え続けるでしょう。多くの企業では、従業員の100%がオフィスにいる時代はとっくに終わっています。多くのリーダーにとって、メンバーがリモートと対面両方にいるハイブリッド型ワークは現実のものとなっています。チーム全体が1つの部屋に集まることはめったにありません。グローバルチームを率いているからかもしれませんし、時代の流れで働き方が変わったからかもしれませんし、若い会社でリモートワークが文化の中心になっているからかもしれませんが、理由はどうあれ、ハイブリッドチームを率いることになる可能性は低くありません。

　ハイブリッドミーティング（遠隔地から参加する人と、現地から参加する人がいる会議）は、管理も進行も大変です。もし、あなたが全員の参加に敏感でなければ、「心を燃やす命題」を共同で創造することはできないでしょう。また、遠隔地にいる人は、その場で起きていることについていけず、二流市民のように感じてしまうことも少なくありません。特に、複数の人が同時に発言している場合、会話についていけないことがあります。また、ミーティング中や休憩時間に交わされる雑談も聞き逃すことになります。

　これでは、直接ミーティングに参加する人と同じような成果を得ることは、物理的に不可能です。逆に、遠隔地でのミーティングが前提の場合、遠隔地に

いる人たちはそれぞれ自分の画面とカメラを持っていますが、対面している人たちは配信環境を共有しています。対面で参加する人は、その場にいる他の人と発言時間（快適な回線状況）を争わなければなりません。

　組織の文化、チームのハイブリッドミーティングの経験と快適さのレベル、ファシリテーターのスキルセットに応じて、「心を燃やす命題」ワークショップのミーティングを100％対面で実施するか、100％リモートで実施するか、どちらかにすることを検討してください。100％リモートで行うことを決めたら、オフィスにいる人には全員、個別にリモートで参加することを義務づけます。会議室に何人も集まってダイヤルインするようなやり方では、目的を達成できません。どのように進めるにせよ、事前作業やアジェンダについて話し合う命題ワークショップ前の準備のためのミーティングと、マイルストーン管理、早期成果、継続的なチームコミュニケーションを定着させるための命題ワークショップ後のミーティングは、ともに一貫したアプローチをとるようにします。

　リモートミーティングは、うまく進行させれば、移動時間やコストを節約して、より*効率的*に行うことができます。この利点の１つは、より大規模で複雑な遠隔ミーティングとその分科会を数日にわたって開催できることです。これにより、人々はミーティングの合間に他のことを済ませたり、時間をかけてアイデアを検討したりすることができます。より深く、より有意義な交流を促進するために、遠隔地の分科会は可能な限り四人以下に抑えると良いでしょう（**ツール6.2**を参照）。

　対面式のミーティングは、人々が一緒に、あるいは相互依存的に仕事をする場合に、より*効果的*です。なぜなら、人は五感（視覚、聴覚、触覚、嗅覚、味覚）を駆使し、さまざまな反応を引き起こし、ニュアンスを感じ取ることができるからです。さらに、休憩時間には、異なるレイヤーや隣接するテーマで副次的な会話を行うことができます。

　どのようなアプローチをとるにせよ、ミーティングに人を集めるときは、何かを成し遂げようとする前に、人々が再びつながるための十分な時間を確保しましょう。また、迅速に収束・決定しようとするのではなく、探索と共創のための柔軟なアジェンダを持ちましょう。この時間は、実際のアウトプットよりもインタラクションを重視する時間の１つなのです。忍耐と柔軟性、そして粘り強さがあれば、必ず結果にたどり着けます。一番良いのは、全員が直接、対面で参加することです。二番目は、全員が遠隔地にいることです。どうしても

というなら、ハイブリッドミーティングは第三の選択肢となります。いずれにせよ、ハイブリッドミーティングは、コアチームが時間と労力を費やし、共同で「心を燃やす命題」を考え、形作り、表現し、伝えるという目的を達成するためには、最も困難な方法であることに注意しましょう。

規律のある構成

いずれにしても、明確な目的、それを支える議題、学習、貢献、意思決定に向けた事前作業、規律あるフォローアップのための明文化された枠組みを備えたミーティングを構成することが重要です。必要な構成のレベルは、ミーティングの参加者数、議題の複雑さ、時間的制約によって高くなることに留意しましょう。

事前課題

事前課題は、プレゼンや情報の吸収のための時間を最小限に抑え、学習、貢献、決断の時間を最大にするのに役立ちます。特に、内向的な人には、事前課題が欠かせません。長くなくても、綿密でなくても、複雑でなくても構いません。ただ、事前に自分の考えをまとめるのに十分でなければなりません。また、過去に自分の意見を十分に聞いてもらえなかった人たちにも有効です。多様性、公平性、包括性の観点から、チームメンバー全員に対して事前に個人的に連絡を取り、積極的な参加を促すことには、価値があります。しかし、中には、他のメンバーほど積極的に参加できない人もいることを意識してください。リーダーとして、この機会を利用して、あなたが積極的に多様な視点を求め、すべての参加者を受け入れるのだというメッセージを示すことが肝心です。

最後に、ワークショップの前にアジェンダと事前資料を十分に配布し、参加者全員がセッションの前に資料に目を通すことが依頼されていることを明確にしましょう。

アジェンダ

アジェンダは、ミーティングの全体的な目的を出席者に明確に示している必要があります。各アジェンダごとに、チームに何が期待されているのか、学習するのか、貢献するのか、決定するのか、などを具体的に呼びかけます。

フォローアップ

　きめ細かなフォローアップによって、ミーティングを理論上のものから真の価値創造につなげることができます。また、チームが下した決断に基づき、価値を創造するための行動を開始し、調整するためにも必要です。

一貫したフォロー

　フォロー、そしてまたフォロー。人を集め、その努力や時間を費やしたことに対してその通りにしないことは、一連の取り組みを全く実施しないことよりも悪いことです。強力な「心を燃やす命題」とは、名誉の誓約です。一貫したフォローと強力な実行を確実にするために、ワークショップが完了したら、数日以内にマイルストーン管理プロセスを組み込むことをお勧めします。これは非常に重要なことです。次のChapterは、すべてをこのトピックに充てました。このプロセスだけでなく、あなたは「心を燃やす命題」に合意し、コミットしたことを守り、模範を示す必要があります。その実践に関連して、こんな例があります。

　ゲリーは、地元の救急隊でボランティアをしていました。ある日、彼が自宅の芝生で落ち葉かきをしていた際、事故の音を聞きました。そこで、道の端まで走って行き、被害者の手当てを始め、見ていた人にも呼びかけて警察や救急隊を呼んだり、他にもさまざまな手助けをしました。その結果、事故を起こした二人は病院に運ばれ、助かりました。二人が病院に運ばれた後、ゲリーが署で次の呼び出しに備えて救急車の後片づけをしていると、救命隊の隊長が入ってきて、「ゲリー、赤い救命胴衣を着ないで事故現場にいたね」と言いました。

　ゲリーは、なぜ現場に直行して救命胴衣を着ないで救急車に同乗したのか、理由を説明しました。

　「しかし、救命胴衣を着ることは、救急隊員であることを認識させるために重要だよ」

　「そうですね。今度から気をつけます。あれ、ちょっと待ってください。どうして私が救命胴衣を着ていないことに気づいたんですか？」

　「ちょうど車で通りかかったんだ」

　「２台の車が起こした事故現場を通りかかって、そこにいたのが私だったの

を見て『次からは救命胴衣を着ろ』と忠告した、ってことですか？ 止まって助けなかったということですか?!」

　実際にどのようなやり取りがあったのかは問題ではありません。救命隊、救急隊、あらゆる救命隊員、救急隊員の根底にあるのは、「困っている人を助けよう」という熱い思いでなければならないのです。しかし、この隊長は、そのメッセージを実践していませんでした。

　すべてのことの違いや、全体がどのように連携しているのかがわからなくなった場合は、一度立ち止まって確認してください。より詳細な説明はprimegenesis.com/toolsをご覧ください。この重要な構成要素をしっかりと時間をかけて知ることには、それだけの価値があります。

Chapter 6　まとめ

　「心を燃やす命題」（チームにとっての重要な責務）は、以下で構成されています。

> **ヘッドライン**：あなたの情熱を定義する、すべてを包み込むフレーズまたはキャッチフレーズ
> **ミッション**：自分たちはなぜここにいるのか、何のためにいるのか
> **ビジョン**：将来の姿—ありたい姿、目指す姿、成功の具体的なイメージ
> **バリュー**：態度、関係、行動を導き、支える信念と道徳的原則
> **目標**：広義に定義された質的なパフォーマンス要件
> **ゴール**：成功を定義する目標の定量的尺度
> **戦略**：チームがどのように目標を達成するかについての幅広い選択肢
> 　**勝負する場所**（製品・サービス、地域、チャネル、セグメント）
> 　**勝ち方**（成功を実現するための取り組み）
> 　**能力**（戦略的優先事項を実現するための知識、スキル、技術、プロセス）
> **計画**：各戦略的優先事項を実現するためのプログラムの「いつ」「誰

が」「何を」を明確化したもの

オペレーションのリズム：チームが共同でどのように計画を実行し、追跡し、学習し、発展させるか

オーナーシップとアカウンタビリティ：誰が何をするか、誰が最終的な責任を負うか、意思決定の権利、制限された権限、説明責任について明確に定義された選択肢

　新任リーダーの最初の100日間は、この「心を燃やす命題」を軸に進められます。これが確立されると、チームは次の戦術的能力開発の作成と活用に移ります。マイルストーン管理、初期の成功、役割分類、リーダーシップ、実践、文化の発展などです。

　心を燃やす命題を掲げ、誰もが毎日行うすべてのことを実際に推進するためには、それが本当にすべての人に受け入れられなければなりません。そのためには、遅くとも最初の30日以内に、方針を定め、共有する必要があります。2〜3日間のファシリテーター付きワークショップが望ましいモデルです。

自分に問いたい質問集

- ハイパフォーマンスチームを作るための正しい土台を築けたか？　ワークショップを成功させるためにチームとして事前課題を行ってきたか？
- 自分たちのコンテクストの理解と共創を可能にするために、多様な視点を十分に活用して理解ができたか？
- 自分たちは、「心を燃やす命題」を共創していたか？
- 主要なステークホルダーにとって十分な説得力があるか？
- チームは、自分たちの焦点を明確にすることができたか？
- 命題を実現するための戦略や明確な目標を持っているか？
- 命題は、目的意識を持った行動を促進するものか？
- 長期的な目的を達成するためのステップと整合しているか？

　すべてのツールの最新版、完全版、編集可能版はprimegenesis.com/toolsでダウンロード可能です。

「心が燃える命題」ワークショップ

　2～3日間のオフサイトワークショップで、ミッション、ビジョン、バリュー、目標、ゴール、戦略、計画、オペレーションのリズムに関する合意を促します。コアチームのメンバー全員が参加する必要があります。このワークショップで、チームの「心を燃やす命題」（＝重要責務）を決定します。

準備

- ミーティング前のコミュニケーションで、ミーティングの着地点（ミッション、ビジョン、バリュー、目標、ゴール、戦略、計画、オペレーションのリズム）を明確に設定する
- コンテクストの設定―現在の状況―より広いグループの目的を設定する
- 招待状の送付、ロジスティクスの設定
- 現在のベストプラクティスを発表する準備（リーダー）、または自分の役割を説明する準備（チームメンバー）

展開

- 着地点の詳細：フレームワーク、ミッション、ビジョン、バリュー、目標、ゴール、戦略、計画、オペレーションのリズム（ファシリテーター）
- 現在のベストプラクティスを提示する（チームリーダー）
- 現在のサブグループの役割を提示する（チームメンバー）
- 何が重要か、なぜ重要かを設定する
- 企業・グループの目的を確認する（チームリーダー）
- チームのミッション、ビジョン、バリュー、目標、ゴール、戦略、計画、オペレーションのリズムを順番に修正する。オープンで集中したディスカッションを促し、アイデアを広げる。類似のカテゴリーにまとめ、最も共鳴するものを選び、重要性の順に並べ、個人のドラフトを募り、共通の考えを集め、意見に基づいてグループの「心を燃やす命題」のヘッドラインを含むドラフトを作る（ファシリテーター）
- 新しい責務が以前の状況とどのように違うか議論する（ファシリテーター）
- 心を燃やす命題の実現に必要なことをまとめる（ファシリテーター）

- 最後に、結果を着地点に結びつけ、次のステップを伝える（マイルストーン管理および早期成功のプロセスを定義するための日程設定を含む）

フォローアップ
- より広範なチームと共有し、その意見を求める
- 必要であれば、改良を加える
- 最終結果をすべての主要なステークホルダーに伝える

リモートワークショップのガイドライン

●セッションⅠ：90分

事前課題グループ

事前資料：組織のミッション、ビジョン、行動指針、戦略
＋必要に応じて追加の事前資料
    共有ワークスペースに分科会メモ用の単一文書を準備する

【ビデオ会議―全員】

開始

ミッション、ビジョン、行動指針、優先順位に関するリーダーの導入時の視点
    ミッション、ビジョン、行動指針、優先順位に関する初期フィードバック
    をもらう

    ―何が強いのか？　どのような改善が必要か？

戦略

どのフィールドで勝負するか？

●セッションⅡ：90分

事前課題グループのその時点での視点（SWOTの可能性あり）―項目別回答
    【ビデオ会議による分科会：2〜4名＋ファシリテーター】

戦略：どのように勝つのか？

成功の定義
    5つの大きな仕事
    それぞれの競争力

●セッションⅢ：60分

分科会のアイデアに対する項目別対応
　　【ビデオ会議：全体ミーティング】

●セッションⅣ：90分

計画・マイルストーン
いつ、誰が、何をするのか
　　【ビデオ会議による分科会：2～4名＋ファシリテーター】

●セッションⅤ：60分
分科会のアイデアに対する項目別対応
　　【ビデオ会議：全体ミーティング】

●セッションⅥ：90分

オペレーションの理念と手順
事前課題グループの現時点での項目別回答
　　カルチャー・サーベイに対する回答
　　どの文化面をどのように発展させるか議論する

閉会
合意、次のステップ、コミュニケーション、アクション後のレビュー
サーベイまたはチャット＝ファシリテーターが統合（電子メールによって反復
する）

オペレーション上の
アカウンタビリティの促進

45日目までにマイルストーン管理を定着させる

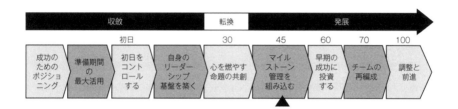

ハイパフォーマンスチームの戦術的能力は、チームメンバー間で行われる公式・非公式な実践の場面で真に試されます。特に意思決定権や情報の流れを明確にすることが重要になります。ハイパフォーマンスチームのリーダーの真の仕事は、他のメンバーが共に絶対的な力を発揮できるように、周囲を鼓舞し、力を与え、力を合わせることです[1]。最も効果的なリーダーは、部下を管理するよりも、全体を統合することに時間をかけます。そのためには、誰がいつまでに何をするのかを明確にするマイルストーン管理ツールを導入するのが最も効果的です。ハイパフォーマンスチームのリーダーは、このマイルストーン管理ツールを活用して、互いに責任を負い、チームとして協働することを可能にしています。

早い段階での勝利は、信用と信頼につながります。人は、成果を出した人をより信頼するものです。あなたはチームメンバーに、彼ら自身や変革のための

---

[1] Gary L. Neilson, Karla L. Martin, and Elizabeth Powers, 2008, "The Secrets to Successful Strategy Execution," *Harvard Business Review*, June.

計画に自信を持ってもらいたいでしょう。そして、上司や社内の他の同僚にも、あなたのチームの実力を信頼してもらいたいことでしょう。

マイルストーンはゴールに向かう途中のチェックポイントである

これまでに出てきた定義を思い出してください。

> **目標**：広義に定義された質的なパフォーマンス要件
> **ゴール**：成功を定義する目標の定量的尺度
> **戦略**：チームがどのように目標を達成するかについての幅広い選択肢

ここに、「マイルストーン」を追加します。

> **マイルストーン**：目標・ゴールを達成するための途中経過を示すチェックポイント

マイルストーンを記録する

マイルストーンは、「心を燃やす命題」を管理可能なアクションプランに変える、戦術的能力の構成単位です。マイルストーン管理は、正しく行われれば、チームの効果的な強化剤となります。マイルストーン管理は、責任を明確にし、進捗をモニターし、軌道に乗るように行動することです。心を燃やす命題ミーティングでは、多くのアイデアや選択肢がフリップチャートに書き込まれるでしょう。しかし、そのようなアイデアは、誰かが行動に移さなければ、まったく意味がありません。スティーブ・ジョブズが言ったように、「アイデアは実行されなければ意味がない。アイデアはただの掛け算だ。実行には何百万もの価値がある」。このChapterでは、実行について説明します。簡単に言うと、チームが指定された時間内に望ましい結果を出すためには、うまく委任しなければなりません。それには、以下が必要となります。

● **方向性を示す**：目標、ゴール、戦略、望ましい結果を明確に定義する

- **リソース**：実現するために必要な人的、財政的、技術的、および運営上の
  リソースを利用できるようにする
- **権限の範囲**：戦略的なガイドラインと定義された範囲の中で、戦術的な決
  定を下す権限をチームに与える
- **説明責任と結果**：パフォーマンスの基準、期待される時間、成功と失敗の
  肯定的および否定的な結果を明確に定義する

その過程で、次のことを明確にするよう努力します：

- **相互依存関係**：チーム内、他のチームやプロジェクト、外部のリソースと
  の間に存在する重要な相互依存関係を認識する
- **情報の流れ**：いつ、誰と、どのような情報を共有する必要があるのかを把
  握する。その情報をタイムリーに共有する方法を確認する
- **コラボレーション**：全体の整合性を保ちながら、納期や決定事項が守られ
  るためには、どのような交渉や共同作業が必要かを把握する

　マイルストーンの達成が、一人の人間に依存することは稀です。たいていの
場合、マイルストーンは、多くの機能にわたるチームメンバーからの貢献を必
要とします。その複雑さにかかわらず、各マイルストーンには、そのマイルス
トーンの達成に最終的に責任を持つ「キャプテン」を一人割り当てるべきでし
ょう。キャプテンはすべての作業を行う必要はなく、むしろ、そのマイルスト
ーンのタイムリーな達成に関する問題を伝えるための重要なスポークスパーソ
ンです。キャプテンは最終的な意思決定者であるべきで、グループ間のコミュ
ニケーションに責任を持ち、必要な情報の流れ、コラボレーション、そして望
ましい結果の提供を保証します。共同キャプテンは避けてください。それは決
してうまくいきません。責任者は一人である必要があります。

やり遂げるか、始めないか

　クライアントの一人であるサムのチームは、2日間のワークショップで、多
くの時間とエネルギーを費やして「心を燃やす命題」を作成しました。チーム
は興奮し、前進する準備ができていました。その後、サムは忙しくなり、この

マイルストーン管理に手をつけませんでした。

その結果、チームはすぐにそれまでのやり方に逆戻りしてしまいました。サムがやらないのに、どうしてチームがやるでしょう。

実践は、人々が計画を実行できるようにするためのシステムです。実践は、望ましい行動を強化するための評価基準や報酬のシステムと連動させる必要があります。「まずは彼らがどのように給与をもらっているのかを見せてください。そうしたら、彼らが実際に何をしているかを教えましょう」という古い格言もあります。

第一次湾岸戦争時の米空軍航空戦闘司令部、ジョン・マイケル・ローはこう言いました。「私は以前、『測定されなければ、物事は実行されない』と信じていましたが、今は『測定されなければ、承認されない』と考えています。直感ではなく、事実によって管理する必要があるのです」。元上院議員のダニエル・パトリック・モイニハンが言ったように、「自分の意見を持つ権利はあるが、事実は明示的に『ある』ものであって、事実自体を持つことはできない」のです[2]。

測定や事実の提供—具体的な業績評価、説明責任、決定権により、従業員やチームは過度な干渉を受けずに自分の仕事をすることができ、業績と期待値の比較や改善方法について偏見のない話し合いができるようになります。人々には、自分に何が期待されているかを知らせることが重要です。期待値が明確であれば、その期待に応えるために必要な時間とリソースも確保されなければなりません。マイルストーン管理のプロセスは、決定権を明確にし、情報と資源が必要なところに確実に流れるようにすることに重点を置いています。

マイルストーンで迅速な調整が可能に

NASA（アメリカ航空宇宙局）とアポロ13号の地上班は、その有効な例となります。宇宙船の爆発から宇宙飛行士を生きて帰らせるという目標は、説得力はあるものの、圧倒されるものでした。

マイルストーンを1つずつクリアしていく方が、それが設定されていない場

---

[2] Daniel Patrick Moynihan, 2008, Commencement Address, University of Pennsylvania, Philadelphia, May.

合よりも容易だったのです。

1．地球へ戻るために、船を旋回させる。
2．宇宙飛行士が帰ってくるまで使えるように、残りの電力を管理する。
3．一酸化炭素の問題を解決して、乗組員が呼吸できる状態を維持できるようにする。
4．大気圏への再突入を管理し、船が燃え尽きないようにする。

　マイルストーンの威力は、途中経過を知らせ、調整する機会を与えてくれることです。また、マイルストーンが計画通りに達成されていれば、自分が関与しなくても、チームがゴールに向かって走り出すことができる安心感も得られます。
　ゴールまでのチームの道のりをこんな風に評価してみてはいかがでしょうか。

　　最悪：チームはゴールを逃し、その理由もわかっていない
　　悪い：チームはゴールを逃したが、その理由をわかっている
　　OK：チームはマイルストーン達成に失敗したが、全体的な目標を達
　　　　成するための調整が行われている
　　良い：チームはリスクを予期し、重要なマイルストーンへの道筋を調
　　　　整している
　　最良：チームはゴール達成に向けて、すべてのマイルストーンを達成
　　　　している

　想像してみてください。ロンドンからパリまで5時間半で行くというゴールを立てたとします。車で移動することを選択したとしましょう。さて、ロンドン中心部からロンドン郊外まで45分かかりました。ここであなたはふと思います。「今回の旅はうまくいっているのだろうか？」と。
　しかし、これでは何もわかりません。予定通りかもしれないし、予定より遅れているかもしれません。旅行を始めたばかりなので、必要なら後で時間を取り戻せると思うかもしれません。だから、心配はないと。
　一方、次のようなマイルストーンを設定していたとしたら、考え方も変わってくるはずです。

- ロンドン中心部からロンドン郊外まで：30分
- ロンドン郊外からフォークストンまで：70分
- 海峡横断：積み込み20分、横断20分、下船20分
- カレーからパリまで：3時間

　もし、ロンドン郊外まで30分で行くというマイルストーンを設定し、45分かかったとしたら、あなたは自分が予定より遅れていることを知り、代替案を講じることができます。マイルストーンによって、目標に到達するためには調整が必要であると、すぐに気づくことができるのです。

　あなたやチームには、マイルストーンの達成に遅れが生じることもあるでしょう。すべてのマイルストーンを達成することが重要なのではありません。重要なのは、合理的なマイルストーンをそのとおり特定するメカニズムを導入し、目的地に時間通りに到着できるように、途中で予測し調整できるチェックポイントを持つことなのです。

　チームのマイルストーン管理は同じプロセスですが、仕事によってより複雑で異なる時間軸が必要になります。

- 複数年にわたる取り組みの場合、年単位または四半期単位でマイルストーンを設定し、管理すると良い
- 大きなプログラムでは、毎月のマイルストーンを設定し、管理すると良い
- プログラムは、一般的に週単位のマイルストーンで管理されるプロジェクトで構成されることが多い
- プロジェクトにはタスクがあり、通常、日々のマイルストーンで管理される。ただし、危機的な状況では、より頻繁にマイルストーンを管理する必要がある

マイルストーンの更新を
管理する７つのステップ

　相互扶助的なチームを基盤としたフォローアップシステムを導入することで、全員が結果を出すことができます。このプロセスをチームミーティングに導入した組織では、チームの成績が劇的に向上しています。そうでないチームは、

ほとんどの場合、期待に応えられません。つまり、マイルストーン管理はそれほど重要なプロセスということなのです。これらのステップは、**ツール7.1**で説明されている準備と指示に従えば、チームの望ましい達成を確実にするための道が開けます。

ステップ1　セットアップ：心を燃やす命題ワークショップでチームがコミットしたアクションプラン（何を、誰が、いつ行うか）を、チームがすぐにアクセスできるシンプルなツールに記録します。テクノロジーツールは、シンプルなものから強固なものまで、さまざまな選択が可能です。チームが使い慣れたものを選ぶか、**ツール7.1**のようなシンプルな形式を活用します。マイルストーンのチェックポイントでミーティングを開始する日を決めます。理想的には、心を燃やす命題ワークショップから1週間以内に行いたいものです。プロジェクトでは毎週、プログラムでは毎月など、ミーティングの頻度を決め、プロセスが習慣化されるようにしましょう。

ステップ2　更新：予定されているマイルストーン・ミーティングの24時間前までに、各自マイルストーンに関する進捗を更新し、成功、学習、および支援が必要な箇所を記録するよう、全員に要求します。通常、このプロセスを開始する前に、情報提出と配布のためのロジスティック（会議室、物品等）関連の手続き、状況を追うトラッキング方法の選択、時間枠を設定します。ここで言い訳を許すと、他のプロセスに支障をきたすことになります。最初は始めるのが大変かもしれませんが、一度チームの期待値や価値観として定着すれば、その一時的な苦痛に耐えたことを感謝することになるでしょう。

ステップ3　レビュー：ミーティングの前に、全員に最新情報を読むように要求します。そうすることで、一般的な最新情報と報告を議題から外すことができます。マイルストーン・ミーティングでは、全員が最新情報を入手し、最も重要な問題に集中する準備ができていることが期待されています。エグゼクティブの皆さんはこのステップをスキップしがちですが、スキップしては、チームに大きな損害を与えま

す。一見、簡単なプロセスのように見えますが、なぜ決められたこと
が実施されないのか、なぜチームが責任を負わないのか、あらゆる理
由を聞きましょう。間違いなく、タイムリーな更新とミーティング前
のレビューは、マイルストーン管理を成功させるために不可欠な要素
です。

ステップ4　報告：ミーティングの前半は、各チームメンバーが、成
功したこと、学んだこと、他のチームメンバーの助けが必要なところ
を発表する場とします。

　この時点でありがちなのですが、いくつかの項目をやり過ごしたい
衝動に駆られないようにしましょう。まず、迅速、効率的、かつ簡潔
な報告を要求しましょう。各個人の報告の制限時間を決めておくと良
いでしょう（3〜5分程度）。長くなりがちな人は嫌がるかもしれま
せんが、他の参加者にとってはありがたいことです。タイトで統制の
とれた制限は、ミーティングをよりダイナミックなものにしてくれま
す。

　この時ディスカッションを許可すると、「早い者勝ち」の考え方を
強めることになり、順番が後になった人の時間を圧迫してしまうこと
になります。これは非効率的な時間の使い方です。ミーティングの前
半からディスカッションをしないと決めておくことで、「チームメン
バーの助けが必要なところ」を優先できます。多くの場合、これが会
議の中で最も重要な部分です。これらの各項目は、リアルタイムで記
録されるべきです。

　また、全員が最新情報を読んできたと仮定して、報告を完全に省略
し、そのまま問題解決（ステップ6）に移行する方法もあります。

ステップ5　一旦停止と優先順位づけ：全員が報告する機会を得た後、
一旦立ち止まります。そして、ミーティングの後半では、管理可能な
数の項目に優先順位をつける議論をします。

　これらの項目は、必ずしもすべて普遍的な最重要項目とは限りませ
ん。なぜなら、別のグループやチームの一部で取り組むべきものもあ
るからです。そのような項目は、ミーティングではメモを取りますが、

対応できる適切なグループメンバーによる別のミーティングに持ち越すべきです。その代わり、*現在*、*この*チームがチームとして取り組むべき最も重要な項目に優先順位をつけてください。対象外のもの、危険なもの、あるいは助けが必要な領域のものを優先するようにします。優先順位の高いものから順にリストを作成します。

ステップ6　問題解決：ミーティングの第2部では、チームの最も重要な問題、またはチャンスであると判断した優先順位上位のことから順番に議論します。

　チームは、すべての項目を完了することはできないでしょう。しかし、それはそれで良いのです。なぜなら、最も重要な項目に最初に取り組むために一旦立ち止まって優先順位をつけたのですから。このときこそ、あらかじめ決められた決定権を強化しながら、最も重要な目標を達成するために、チームとしてどのように調整するかを考えるときです。このChapterの後半で、グループでの問題解決プロセスの概要を説明します。

ステップ7　ループを閉じる：他の項目は、次回のミーティングまたは別のミーティングに持ち越します。変更や新しい方向性があれば、トラッキングレポートを更新します。そして、主要な変更点は、それらを知る必要がある重要なステークホルダーに伝えます。取り組みを軌道に乗せるために努力したチームメンバーを賞賛しましょう。

グループでの問題解決11のステップ

　グループでの問題解決は、準備と仮説を通しての作業を活用するプロセスによって促進することができます（**ツール7.2**）。

　　ステップ1．問題や解決策の可能性について事前に考えてもらうために、事前課題を共有します。この事前資料には、問題点、今考えうる最善案、コンテクスト、可能性のある選択肢のいくつかを含め最低限内容がわかる分量で配信します。

ステップ２．問題を抱えている人からの、今考えている最善のアイデアの共有から始めます（誰が問題の所有者で、誰が意思決定者なのかを明確にする必要があります）。

ステップ３．グループで問題を議論するかどうかを決めます。「はい」の場合は、ステップ４を参照してください。

ステップ４．明確にコンテクストや現時点における最善案を理解してもらうための質問に答えます（まだ提示されたアイデアに対してコメントしたり改善したりするためではありません）。

ステップ５．その時点で考えうる最善案のポジティブな面にハイライトを当て、それをうまく機能させることに貢献しましょう。

ステップ６．その最善案実現の障害となっていることを特定します（取り組む前に、すべての障害を同時に机上に置きましょう）。

ステップ７．最も重大と思われる障害を決定します。

ステップ８．問題所有者を含む全員参加で、最も重大な障害についてのブレインストーミングを進めます。その障害を改善するのに役立ちそうなチームメンバーの発言を探し出します。その際の意見は、WYDIS（*What you do is*：あなたがやっているのは……）形式で提示してもらうようにしましょう。

ステップ９．問題を抱えている人は、その障害に対する可能な改善策を検討し、まとめ上げ、それをグループでテストします。

ステップ10．テストした改善策が十分ではなかった場合、さらにその障害を取り除くための作業を続け、改善策がうまくいった場合、それが問題全体を解決するのに十分かどうかを判断します。十分であれば、次のアクションステップに進みます。そうでない場合は、次に重要な障害に引き続き取り組みます。

ステップ11．アクションステップ：その問題が解決された時点で、次に誰がいつまでに何をするのかについて合意します。

心にとどめておきたいヒント1：事前課題を活用する

　ミーティングの前に、問題や解決策の可能性について考える機会があることがベストです。この事前課題資料には、少なくとも、問題点、今考えられる最善案、背景、いくつかの可能性のある選択肢を含めるべきです。

心にとどめておきたいヒント2：予測する-黄信号は良いことである

　予測が肝心です。最初のうちは、マイルストーンは「順調」（緑）から「おっと、失敗した」（赤）へと変化し、その間にステップが入ることはないでしょう。人々が他の人の助けを借りなければ「見逃すかもしれない」（黄）と感じ問題を浮上させたとき、このプロセスがうまくいっていることがわかります。この「見逃すかもしれない」項目に思いと関心を集中させ、チームの助けを得るようにしましょう。そうすることで、人々は問題を表面化させることを心地よく思い、将来問題となりそうなことをグループに持ち込んで助けを求めるようになるでしょう。

心にとどめておきたいヒント3：「早い者勝ち」を禁止する

　早い者勝ちメンタリティーを取り除きましょう。このマイルストーン管理プロセスは、規律正しい人々やチームには導入しやすいものですが、規律性を重視しない人たちは、早い者勝ちで物事を進めようとするため、難しくなります。それに抵抗してください。プロセスに従えば、好きになるはずです（好きというほどではないかもしれませんが、きっと気に入り、チームを強化する手段となります）。

心にとどめておきたいヒント4：統合する

　マイルストーン・ミーティングは、グループ間のつながりを作る絶好の場です。上級管理職は、上から管理されたり、自分の決定権が損なわれたりすることを嫌いますが、グループ間の情報の流れやプロジェクトや優先事項の相互依存関係が改善されることは、誰もが評価します。

心にとどめておきたいヒント5：プロジェクトマネジメントを委ねる

　マイルストーン管理プロセスの仕組みを指示・調整し、他の誰かにプロジェクト管理を任せます。そうすれば、あなたはより多くの時間を人と物事に集中し、周囲を鼓舞し、力を与え、力を合わせることに費やすことができます。

心にとどめておきたいヒント6：コミットしていない人を絶つ

　マイルストーンは、規律なく、焦点の定まらない行動を明らかにします。人はマイルストーンを見逃すものです。誰かがマイルストーンを見逃したとき、倍の努力をし、失ったものを取り戻すと約束すれば、それはOKです。マイルストーンを見逃しても何も言わないか、他のもっと重要な優先事項のためにそれを行えなかったと言う人はたいていの場合、真剣に取り組んでいない、責任を感じていない証拠となります。

心にとどめておきたいヒント7：続ける

　ある企業の初代CEOチャーリーは、「心を燃やす命題」ワークショップで方向性を確認した後、週次のマイルストーン管理を活用してチームの成長計画の実行を加速させました。それから6年、チームは何度も計画を修正し、週に1回45分のミーティングを続けて、確実に軌道に乗せるようになりました。この間、成長率は2倍になり、株価は4倍になりました。チャーリーは、マイルストーン管理という規律があったからこそ、チームが長期にわたって一貫した実行と調整を行うことができたのだと考えています。

プログラムやプロジェクトのマネジメントの定義と
プロジェクトマネジメントオフィスの役割

　マイルストーン管理プロセスをより明確にするために、以下の定義を使用することを検討してください。

- 「企業レベルの優先事項」とは、現在進行中の最も重要な戦略的、組織的、業務的な優先事項やプロセスのことです
- 「プログラム」は、優先事項の長期的な主要構成要素であり、通常、月次で追跡・管理されます
- 「プロジェクト」はプログラムの副構成要素で、一般に毎週追跡・管理されます
- 「タスク」とは、プロジェクト、プログラム、優先事項に結びつく実際の仕事のことです。これらは一般的に、現場の上司によって少なくとも毎日追跡・管理されます

　プログラムおよびプロジェクトのマネージャーは、プロジェクト固有の目標およびゴールを定義し、データを収集し、タスクをスケジューリングし、合意した目標およびゴールを達成するために、プログラムとプロジェクトのコスト、予算、リソースを管理します。

　プロジェクトマネジメントオフィス（PMO）の役割は、計画、財務、リソース、リスク管理など多岐にわたり、すべてのプログラムやプロジェクトが高い品質で提供され、定義された成果を達成できるように協力します。これは、プログラムやプロジェクトのゴール、プロセス、ワークフロー、方法論、リソース制約、プログラムやプロジェクトの範囲を、個々のプログラムやプロジェクトのマネージャーと協力して定義することで達成されます。

　つまり、PMOは個々のプログラムやプロジェクトの結果に対して責任を負うのではなく、それらすべてを可能にする責任を負っているのです。

　考え出す：企業レベルの優先順位に沿ったプログラムやプロジェクトの可能性を考えます。
　定義する：プログラムやプロジェクトチームの目的や役割等を明確にするためのチーム綱領を含む、プログラムやプロジェクトを定義します。
　目的と方向性（Why）
- ミッション、ビジョン、優先事項
- 「SMARTER」目標／ゴール：具体的（Specific）、測定可能（Measurable）、達成可能（Achievable）、現実的（Realistic）、

期限つき（Time-bound）、奨励／刺激的（Encouraging／Exciting）、報われる（Rewarded）

- コンテクスト：目標を達成するために必要な情報。目標の背後にある意図。目標達成後に何が起こるか

アプローチ（考え方）

- リソース：チームが利用できる人的、財政的、運用的なリソース。他のチーム、グループ、平行して活動している別ユニット、支援や相互依存領域
- ガイドライン：役割や意思決定について、チームができること、できないことを明確にする。これには、必須の実行要素や組織全体の標準、手順、慣行が含まれる
- チームと他のチームとの相互依存関係を明らかにする

実行（やるべきこと）

- 説明責任：誰がいつまでに何をするのか、更新のタイミング、完了のタイミング、成功と失敗の結果など、説明責任の構造を明確にする

優先順位：プログラムやプロジェクトの優先順位は、直接投資（それ自体）と間接投資（より大きなプログラム、優先事項、プロセスの一部として）の両方に基づいて決定します。スコープは常にリソース（手法、ツール、技術などの戦力を増幅させるものを含む）と時間の関数なので、優先順位づけは決して容易なことではありません。希少な既存資源を最も重要なプログラムやプロジェクトに割り当てる一方で、将来的な生産能力拡張のための将来性を生み出していく努力をする必要があります。

　プログラムやプロジェクトのスコープに沿った**リソースの組み立て**を支援し、状況の変化に応じてプログラムやプロジェクト間で適切にリソースを移動させます。

コミュニケーション：チーム内、チーム間、上級管理職とのコミュニケーションと調整を行います。

ファシリテーション：重要なミーティングをファシリテートします。

- ミーティングの通知、議題、意見募集をメール等で発信する。
- ミーティングの議題には、以下を含める。
  - ・ミーティングの目的
  - ・タイミングと方法（ライブ、ビデオ、オーディオ）
  - ・ミーティングで求められていること（決定、貢献、学習）
  - ・ミーティングの出席者、議題ごとの役割（決定、貢献、学習）
  - ・参加者全員が決定、貢献、または学習を容易にするための事前資料
- ミーティング中の進行、時間管理、議事メモを取る
- ミーティング終了後、議事メモを配布

支援：方法、ツール、テクノロジー、そして適切な指導やコーチングによって、他の人が仕事をできるように後方支援をします。

マネジメント：以下のようなマイルストーン管理プロセスをマネジメントします。ミーティングの通知や、情報入力依頼の送付、必要な情報のインプットを確実にするためのフォローアップ、インプット情報の収集と配布、マイルストーン管理ミーティングの進行、ミーティングからの議事メモの発行を行います。

分析：プロジェクトの予算、財務、リスク、リソース配分などのデータを分析し、無駄のないプロジェクトマネジメントに沿った適切なレポートを提供します。

- **戦略化**：企業レベルの戦略的優先事項を実行可能な基準に変換する。
- **収集**：継続的改善とステップアップを推進する新しいプログラムおよびプロジェクトのアイデアを収集し、開発する。
- **決定**：新しいプログラムやプロジェクトのアイデア、プログラムやプロジェクトのコンフリクト（対立）について、十分な情報を得た上で決定する。
- **実行**：決定事項を実行し、プログラムやプロジェクトを完了まで管理する。

Chapter 7　まとめ

マイルストーン：マイルストーンを定義し、すぐに状況のトラッキングと管理を始めましょう。マイルストーンの追跡、結果を出すための行動、必要に応じて調整するための効率的、効果的、かつ明確なプロセスがなければ、マイルストーンの作成は時間の無駄です。このプロセスを利用して、次の3つのステップで、期待されるチームの規範を確立し、強化しましょう。

1. マイルストーンを設定する。
2. それらを追跡し、効果的なツールとプロセスを用いて、頻繁に、定期的に、チームを管理する。
3. グループでの問題解決プロセスを実施する。

自分に問いたい質問集

- 誰が（役割）、いつ（マイルストーン）、何を（ゴール）、どのようなリソースと決定権で行うのか、全員が明確になっているか？
- 自分は、キャプテンやチームメンバーを賢く選べているだろうか？
- 情報や資源を必要なところに確実に流すために、自分たちはできる限りのことをしているだろうか？
- マイルストーンの達成度を管理する仕組みがあるか？　それを自分でその都度管理する必要があるのか？
- マイルストーン管理をチームビルディングのツールとして効果的に活用できているか？
- チームに対して、マイルストーンをタイムリーに更新し、マイルストーン・ミーティングの前に更新内容を確認させているか？
- すべてのマイルストーンが計画通りに進んでいるのか、確信が持てるか？　もしそうなら、なぜ？　そうでない場合、なぜそうでないのか？

　すべてのツールの最新版、完全版、編集可能版はprimegenesis.com/toolsでダウンロード可能です。

マイルストーン管理

　マイルストーン・ミーティングの運営や、チームとしての進捗状況のフォローアップに活用してください。

マイルストーン管理のプロセス
ステップ１．セットアップ：いつ、誰が、何をしたかを記録する。
　リーダーは、毎週または隔週で、チームとマイルストーン・ミーティングを行う。

マイルストーン・ミーティングに先立って
ステップ２．更新：各チームメンバーが進捗、更新内容を提出する。
ステップ３．レビュー：ミーティング前に各自が更新情報を読み、確認する。
　協力要請があった場合、関連データ、資料、分析などが事前に提出される。

マイルストーン・ミーティングにて
第１部：ステップ４．報告
　　　　各チームメンバーが５分間で「最も重要な成果」「最も重要な学習」「支援が必要な分野」というフォーマットで報告を行う。報告のみ。ディスカッションは行わない。
　　　　または、これをスキップして、そのままステップ６（問題解決）に進む。
第２部：ステップ５．一旦停止と優先順位付け
　　　　報告後、リーダーは一旦停止し、議論すべきトピックを優先順位で並べる。
第３部：ステップ６．問題解決
　　　　グループは、優先順位の高いトピックについて、必要なだけの時間をかけて議論する。
　　　　ステップ７．ループを閉じる
　　　　残りのトピックは、次回のマイルストーン・ミーティングまたは別のミーティングに持ち越す。主要な項目が更新され、伝達される。

マイルストーントラッキング

成功したこと：

学習したこと：

支援が必要なこと：

マイルストーン	いつ	誰が	状況	議論／ヘルプが必要な場合
優先すべきプログラム				

問題解決

---

1. 問題や解決策の可能性について事前に考えてもらうために、**事前資料**を共有する。この事前資料は、問題点、現時点での最善案、コンテクスト、いくつかの可能性のある選択肢を最低限含める。
2. 問題所有者の現在の最善案から始める（誰が問題の所有者で、誰が意思決定者なのかを明確にする必要がある）。
3. グループで問題を議論するかどうかを決める。「はい」の場合、以下を続ける。
4. 明確化のための質問に答える（メンバーたちにコンテクストと今考えうる最善案を理解してもらうためであり、この時点では案に対してコメントしたり、改善したりするためではない）。
5. 現時点での最善案の中で、うまくいく要因として最もポジティブな側面にハイライトを当て、それを成功に導くことに貢献する。
6. その最善案を妨げている障害を特定する。（いずれかの障害に取り組む前に、すべての障害を同時に机上に置く）。
7. 最も重大な障害を決定する。
8. 問題所有者を含む全員参加で、最も重大な障害についてのブレインストーミングを進める。その障害の改善に役立ちそうなチームメンバーからの意見を探し出す。意見は、WYDIS（*What you do is*：あなたがしているのは……）形式であることを要求する。
9. 問題所有者は、その障害に対する改善策の可能性を検討し、まとめる。グループでテストする。
10. **選択**：可能性のある改善策が十分ではなかった場合、その障害を取り除くための作業を継続する。改善策がうまくいった場合、それが問題全体を解決するのに十分かどうかを判断する。「はい」なら、アクションステップに進む。そうでない場合は、次の最も重要な障害に取り組む。
11. **アクションステップ**：問題が解決されたら、誰がいつまでに何をするのか合意する。

Chapter

8

6カ月以内に成果を出すために、60日目までに早期の成功を選択する

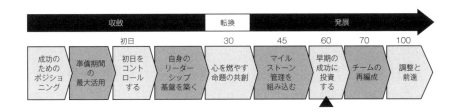

リーダーが新しい職務に就いてから半年ほど経った頃、よくこんな会話が交わされます。誰かが新リーダーの上司に「新リーダーはどうしているのか」と尋ねるのです。このような会話に遭遇したことがある人は多いのではないでしょうか。

「ところで、あの新しいリーダーのロンダはどうしてる？」

「ロンダ？　彼女は素晴らしいよ。知性を愛しているその態度も良い。スタートは遅いかもしれないが、素晴らしい採用だ！　本当に彼女が好きだよ」

結果、ロンダはおそらく退社することになるか、少なくとも大変な状況に直面することになるでしょう。ロンダはあと6～12カ月はそのことに気づかないかもしれませんが、上司の「スタートが遅い」という言葉は疑いの種をまき、ロンダにとって最終的に不幸な結末につながる可能性があります。

結局のところ、シニアリーダーは、何よりもまず結果を出すために雇われるのであり、必要な知性、性格、態度はパッケージとしてついてくるものと考えられているのです。ですから、このような移行期間中に関する質問がなされた際には、具体的な成果や早い段階での成功について答えてほしいものです。

「ロンダ?　彼女が達成したことを教えてあげるわ」

　先ほどの答えと比べてみてください。このシナリオでは、ロンダは何かをやり遂げました。もちろん、彼女一人ですべてを成し遂げたわけではなく、チームがやったのです。しかし、ロンダはチームを早い段階での成功に集中させ、そうすることで上司に具体的な話題を提供したのです。

　早期の成功は、3つの非常に良いもの——リーダーには信頼性、チームには自信と勢いをもたらします。NASAとアポロ13号にとって、酸素の問題を解決したことは、チーム全体に成功できると信じさせ、残りの課題に対処する自信と、信じられないほどの困難にもめげずに前進する勢いを与える早期の勝利でした。

　このように、早い段階で成功をおさめ、チームの勢いと自信を高めるためには、60日目までに潜在的な早期の成功を明確に特定し、急発進させることが重要です。早期の成功の必要性が広く理解されたら、6カ月目までに、チームはその実現に向け、相当な努力を注ぐ必要があります。一般的に、早期の成功は大きな勝利と同義ではありません。初期の、時には小さな、しかし意味のある勝利のことであり、成功するチームの勢いを生み出すものです。ダイナマイトではなく、起爆用の小さな雷管なのです。満塁ホームランではなく、単打による出塁です。また、グローバルな展開ではなく、最初のテストマーケットでの成功です。新しいことを始めるのではなく、すでに進行していることを加速させることで見つけることができるかもしれません。

　早期の成功獲得の処方箋は、比較的シンプルです。

1. マイルストーン・リストから1つか2つ、早期に成功できそうな事項を選択します。
   - 外部に大きなインパクトを与えるもので、早期に成功できそうなことを選択する
   - 上司が人に話したくなる、早期に成功できそうなことを選択する
   - 確実に成果を上げられる早期の成功を選ぶ
   - 重要な行動の見本となる早期に成功できそうなことを選ぶ
   - あなたがいなければ起こらなかったであろう早期に成功できそうなことを選ぶ
   - 多くの場合、早期の成功は、心を燃やす命題ミーティングの際に明ら

かになり始める。時には、初日を迎える前に、その可能性が明らかに
なることもある。常に強力な早期の成功の可能性に目を光らせておく。

2．60日目までに早期の成功の勝利を収め、6カ月目までに成果を出します。
とにかく早く。最初の60日間に、あなたとチームが6カ月目の終わりまで
に達成できるような早期成果を選択し、急発進するようにしてください。
早く選択し、早く伝え、早く成果を出してください。

　　チームが早期の成果を理解し、期限内に成果を出すことに納得している
かを確認します。そうすることで、上司が誰かから進捗を聞かれた際に、
具体的な結果を提供した話をすることができるのです。

3．早期の成功をタイムリーに達成するために、リソースに対して多くを投資
します。初期の勝利に手を抜かないこと。リソースは、確実にタイムリー
に提供できるように配分してください。このような初期のチャンスに対し
て、必要とされる以上のリソースを投入することで、あなたのチームは、
誰の想像よりも早く、より良い成果を出すことができるようになります。

　　警戒を怠らず、調整ごとは素早く調整します。リーダーとして常に進捗
を確認し、少しでも軌道から外れたり、予定より遅れたりし始めたら、即
座に対応します。

4．早い段階での成功を祝い、伝えます。早期の成功が達成されたら、チーム
全員でその成果を祝いましょう。これは大変重要なことであり、見落とし
てはならないことです。

　　早い段階で得た成果は、チーム内はもちろん、それ以外の人にも適宜伝
えるようにしましょう。

　早期の成功は、信頼性、自信、勢い、興奮を生むに違いありません。「傍観
者」を覚えていますか？　まだ敵対視していないけれども、強力な貢献者とし
ても立ち上がっていない人たちです。早期の勝利が始まれば、傍観者たちの何
人かはその距離を縮め、やがて貢献者として飛び込んでくるでしょう。結局の
ところ、誰もが勝利を上げるチームの一員になりたいと思うものなのです。

早期に成功を収めて認められるためには、あなたがリーダーシップを発揮しなければ達成されなかったであろう結果でなければなりません。もしそれがあなたなしで達成されたのであれば、早期の成功として十分な重要性を持っているとは言えません。またそれは、チームや他のステークホルダーにとっても、何かが良い方向に変わったことを意味するものでなければなりません。しかし、成功はチームの勝利であり、あなた一人の勝利ではないことを認識し、感じなければなりません。

勝利のためのチーム綱領

早期の成功によってチームに自信と勢いをもたらすには、チームが勝利を推進する必要があります。リーダーであるあなたは、そのプロセスにおいてチームに指示を出し、サポートし、励ますことで周囲を鼓舞し、力を与え、力を合わせることができますが、それはあなたの勝利ではなく、チームの勝利でなければなりません。したがって、リーダーとしてのあなたの役割は、チームを成功に導き、その努力を支援することです。そのために役立つのが、チーム綱領とその４つの構成要素です。これらは、**ツール8.1**にまとめられています。

Chapter 8　まとめ

早期の成功は、信頼、自信、そして勢いにつながります。人は、成果を出した人をより信頼するものです。上司に信頼されたいですし、チームには、あなたと自分たち自身に対して自信を持ってもらいたいものです。早い段階での成功は、その自信を与えてくれます。

ツール8.1

チーム綱領

チームの早期成功に向け、最高のスタートを切るためのツールとして活用してください。

1. 目標：ゴールは何か？
   a. 早期の成功を明確かつ具体的に定義する。
   b. 具体的、測定可能、達成可能、現実的、期限のある（SMART）目標のフォーマットを活用し、早期の成功とその過程で必要な要素を具体的に定義する。
2. コンテクスト：なぜ、このようなことをするのか？
   a. チームメンバーが個々のタスクの集合的な目的を理解するように、早期の成功を得ることの意図を説明する。

b．チームが望ましいアウトプットを視覚化できるよう、十分な情報を提供する（例えば、顧客要求がある場合はそれを含めるなど）。

　　c．次に何が起こるかを明確にする。成功した後の勢いを維持するために、チームが次の行動を理解していることを確認する。

3．リソース：どのような支援が必要か？

　　a．目標を達成するために必要な人的、資金的、運用的なリソースがすべてチームにあり、アクセスできることを確認する（早期の勝利と確実に成果を出すために、リソースに十分すぎるほどの投資をすることを忘れない）。

　　b．他のどのチーム、グループ、ユニットが関与しているか、またその役割は何かを明確にする。

　　c．タイムリーにリソースを配分し、確実に遂行する。

　　d．成果を測定するために必要な必須データを決定する。

　　e．必要なデータへの頻繁かつ容易なアクセスを提供する。

　　f．途中で障害に遭遇した場合、手助けできることをチームに伝える。

　　g．ガイドライン：どのように権限を与えるか？

　　h．役割や決定に関して、チームにできること、できないことを明確にする。

　　i．チームと他のチームとの相互依存関係を明らかにする。

4．説明責任：どのように追跡・モニターするのか？

　　a．いつまでに誰が何をやるのか、チームとあなたがどのようにマイルストーンを追跡するのかを明確にすることで、マイルストーンに到達できなくなる前にリスクを把握し、十分な介入をすることができる。

　　b．指揮系統、コミュニケーション、サポートの取り決めを明確にし、全員がどのように協力していくかを知ることができるようにする。

　　c．定期的な更新を予定に組み込む。

　　d．意図しない結果を最小限に抑えながら目的を達成するために、途中でモニターと調整を行う。

　　e．軌道修正や再評価が必要なときのサインを知る。

Chapter

9

ハイパフォーマンスチームの
構築

70日目までに再編成、採用、育成、指導を行う

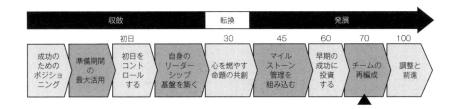

あなたの道具箱の中にあるすべてのツールの中で、高いパフォーマンスを発揮するチームを作ることは、最も強力なツールの1つです。また、最も爆発力のあるツールでもあります。企業文化を発展させようとするとき、チームメンバーの再編成、採用、育成、指導に関する決断は、最も公然かつ衝撃的なものになります。

発展を始めた文化や組織のメンバーは、しばしば、新しい文化に適応することなく、どんな結果が出るのかを観察し、待ちます。「ミーティングとか報告とかはいいんだけど、自分のやることを変えなきゃいけないんだったら、別にいいや！」というようなことを言うメンバーには特に注意を払いましょう。誰かが解雇されたり、異動や昇進を命じられたりすると、それまで変化に抵抗していた人たちが、まったく別の見方をするようになることがよくあります。組織を変更させることほど、文化にすばやく影響を与える方法はないのです。

人事異動が行われると、チームの誰もがその異動や影響について（たいていは強い）意見を持つことになります。チームメンバーの異動は、感情、恐れ、そしてエゴに火をつけます。ですから、誰を、何を、そして特にいつ異動させ

るかについて、熟慮する必要があります。人を動かすと、「この人は本気だ、今すぐなんだ！」ということが伝わります。人事異動は最も強力なコミュニケーションツールであると認識しましょう。

　リーダーとして、あなたは、チームや一緒に働いている人々がより包括的な観点から自分の役割を理解し、彼らの役割をキャリア開発に直接結び付けられるよう努めることができます。多くの人は、チームの使命にとって、あるいは自分自身の専門能力の開発にさえ、適切な役割を担っていません。役割の異動は、チームのためであると同時に、個人にとって正しいことでもあるのです。もしあなたが役割やキャリアについて、人と効果的にコミュニケーションをとるリーダーシップスキルを身につけることができれば、この100日間の成功だけでなく、リーダーとしてのあなた自身の長期的な成功にも投資していることになります。

構造と役割が問題の原因になることもある

　あなたが受け継ぐのは、チームだけでなく、厳密に定義されたものから緩やかに示唆されたものまで、さまざまな構造と役割のセットであることを心に留めておいてください。その組織や役割が、そのグループが達成しようとしていることに対して適切に定義されていると思い込んではいけません。多くの場合、組織や役割は何年も前のものであり、もはや存在しない使命や目標のために作成されたものです。あいまいさをなくし、役割と責任を明確にすることで、チームの緊急課題、「心を燃やす命題」に的確に対応することができます。そのため、70日目まで待つと良いでしょう。70日目までには、心を燃やす命題が確立し（コア・フォーカスを確認し、組織と役割に戦略的・運営的背景を与える）、チームメンバーの行動を観察しているからです（個人を役割に適合させるための背景を与える）。

　チームメンバーは、役割として求められることの90％には適していても、自分にマッチしない10％の役割に苦労していることによってパフォーマンスが低いとみなされることがあります。このような役割のミスマッチ要素が、*役割の外れ値*です。役割の外れ値は、役割そのものに対してではなく、個人に相対するものです。より大きな役割の一部としては意味をなすかもしれませんが、その役割の一部として特定の個人に割り当てられると、意味をなさなくなります。

ある簡単な質問をすることで、役割の外れ値が明らかになることがあります。それは「あなたの仕事の中で、最も好きではないことは何ですか？」です。答えに耳を傾け、さらに詳しい情報を求めれば、やがて明らかな原因が見えてくるでしょう。それを見つけて、根絶しましょう。このような役割分担の外れ値をチーム内でより要件に適した他の人に割り当てるようにします。役割にわずかな変更を加えるだけで、パフォーマンス、エンゲージメントのレベル、満足度に劇的な影響を与えることができるのです。役割を再定義する際には、創造的で前衛的であることを恐れないでください。

　時には、心を燃やす命題を達成するために必要な人材が、チーム内に十分にいないことがあります。また、チームの構成や役割が再定義されると、チーム外や組織外に求めるべき新たな役割が生まれるかもしれません。もし、より優れた、あるいは異なる強みを持つ人材を追加で獲得しなければならない場合は、迅速に行動し、かつ賢明に選択する必要があります。チームに新たに加わる人材の参加（およびそのスキルセット）によって、チームの心を燃やす命題と、発展する文化を強く支援する明確なシグナルを送る必要があります。

　ロンドンにあるマーケティング・サービス会社のCEOに就任したバリーは、同社の顧客サービス能力を劇的に向上させる必要性を認識していました。この会社の顧客サービス能力は、技術革新のスピードに追いついていなかったのです。この問題は「心を燃やす命題」ワークショップの中で、チームの優先事項として認識され、受け入れられました。

　カスタマーサービスは営業担当の副社長が担当していましたが、積極的な意向があったにもかかわらず、ミッションの進化に伴った必要な注意を払うことができなかったのです。カスタマーサービスは、問い合わせ対応に重点を置いており、*積極的に*問題を解決したり、高い利用率と満足度を確保したりすることはできませんでした。ビジネスが進化するにつれ、その改善にはカスタマーサービスチーム以外の人たちの意見が必要になってきました。部門を超えたコラボレーションが必要でしたが、それをカスタマーサービスチームがリードする必要がありました。

　顧客サービスの向上が急務であったため、バリーはこのグループを営業部門から切り離し、一時的に直属の部下にしました。早速、チームは顧客サービス向上のための要件を共同で作成し、個々の役割を再構築して、チーム全体がはるかに積極的な顧客体験を提供することに集中できるようにしました。新しい

サービス目標と明確な役割を手に入れたバリーは、献身的なチームメンバーを
カスタマーエクスペリエンスの担当ディレクターに任命し、指揮を執らせるこ
とにしました。

　顧客サービスの目標に新たに焦点を当て、役割を大幅に明確化し、実行に移
すことに集中するリーダーによって、チームは急速に顧客サービスと満足度に
おいて大きな前進を遂げました。さらに、カスタマーサービスを管理する負担
から解放された営業リーダーは、より強力な営業組織の構築に時間を割くこと
ができるようになり、売上も増加し始めました。

プランニングのためのフレームワーク

　チーム内の人や役割を整理する場合、短期的なフレームワークと長期的なフ
レームワークが必要です。まず、70日目までに短期的な動きを行うべきかどう
かを判断します。そして、長期的にチームを発展させていく手段を検討します。
このChapterでは、短期的なフレームワークを扱います。そして長期的な側面
については、Chapter10でより深く掘り下げていきます。

コア・フォーカスと心を燃やす命題の周りにすべてを配置する

　まず、ミッションを実現し、戦略を実行し、ゴールを達成するために必要な
組織と役割を定義することから始めましょう。ミッションは、長期的に見た理
想的な組織の構成を決定します。その結果導き出された戦略や計画は、ゴール
を目指して日々行うべきことを実行するために必要な役割を決めるのに役立ち
ます。これにより、必要な役割と、排除すべき役割の地図ができます。また、
この時に、役割の外れ値を根絶することができます。

　Chapter 6で述べたように、すべての組織は、デザイン、プロデュース、デ
リバー、サービスを行います。あなたのビジネスの核となる焦点（コア・フォ
ーカス）は、これらの行動のうち、どれがあなたの主要な機能であるかを示し
ます。主要な機能を特定したら、最初の仕事は、これをサポートするために、
組織とオペレーションの面ですべての機能を調整することです（**図9.1**）。

ADEPTタレントマネジメントの導入

　コア・フォーカスを決定し、目的と組織構造、オペレーションのアプローチ、

文化、リーダーシップの焦点を、そのコアと心を燃やす命題と整合をとったら、次は、人材の獲得（Acquiring）、育成（Developing）、奨励（Encouraging）、計画（Planning）そして移行（Transitioning）の「ADEPT」という観点から、チームの成長を加速させるための人材獲得を考えましょう。そのヘッドラインは**表9.1**のとおりです。

　人材を獲得し、育て、励まし、計画し、移行する際には、コア・フォーカスを心に留めておきます。

図9.1　コア・フォーカス

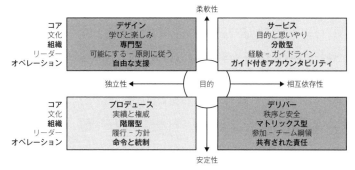

表9.1　タレントマネジメントのためのADEPTフレームワーク

獲得 （Acquiring）	役割を定める：正確さ、深さ、明確さが必須。 候補者を特定する。 適材適所の人材を選択し、採用する。 適任な人材を引き付ける。 彼らがより早く、より良い結果を出せるよう、オンボーディングを行う。
育成 （Developing）	パフォーマンスの推進要因を評価する。 現在および将来の職務に必要なスキル、知識、経験、技能を開発する。
奨励 （Encouraging）	明確な方向性、目標、尺度などを提供する。 成功に必要な資源、権限、時間を提供し、支援する。 望ましい行動を、評価と報酬で促進する。
計画 （Planning）	人々のパフォーマンスを長期的にモニターする。 彼らの状況や可能性を把握する。 将来の能力開発、後継者、不測の事態に備えた計画を立てる。
移行 （Transitioning）	本人のニーズやライフステージと会社のニーズに合わせて、異なる役割に移行させる。

役割要件

　理想的な組織と役割のイメージを手に入れることによって、ミッション、戦略、ゴールを達成するために、どの役割が最も大きな影響を与えるかを判断することができます。これらのタスクに責任を持つ役割が特に重大なものです。その他の役割には、単にうまくやれば良いという仕事が含まれます。ここで戦略と人材が重なり合います。この時点で、どの役割を最高クラスとして投資する必要があるか、どの役割を維持またはアウトソーシングできるかを決定します。

　航空業界は歴史的に大赤字に陥ってきましたが、サウスウエスト航空は毎年利益を上げています。その理由の1つは、重要な役割を把握したことにあります。サウスウエスト航空は、航空機をより速く旋回させることができるよう、整備士に対して多くの投資をしています。また、乗客の機内体験が楽しいものになるよう、客室乗務員の訓練にもかなりの投資をしています。逆に、食事や地上での待合スペースへの投資は控えめです。

　どのような役割が下記をもたらすかを明確にしましょう：

- 他社と比較して優位な、優れた、あるいは強い能力で勝利するための役割
- 平均以上、あるいは十分な実力で負けない活躍をするための役割
- 外注するか、外部と提携するか、まったくしないかを選択するための役割

適材適所

　適切な組織と役割を定義し、その役割で成功するための要件を明確にしたところで、現在、適切な役割に適切な人材がいるかどうか、新しい役割に誰を配置すべきかを確認する段階に入ります。多くの場合、あなたの重大責務―心を燃やす命題―を達成するために完璧に準備されたチームを獲得できる可能性は低いでしょう。運が良ければ、ほんの少し手を加えるだけで、世界トップクラスのチームに生まれ変わることができるでしょう。しかし、変革の必要性が高い場合は、大規模なオーバーホールが必要になるかもしれません。その場合、多くの仕事と多くの混乱を覚悟しなければなりません。その評価判断は、早ければ早いほど良いのです。間違っても何か魔法のような変化が起こることを期待しながら、人々に対してなすべき変更を先延ばしにしたり、避けたりしないでください。魔法のような変化など起きないのです。

なぜか決断を先延ばしにしてしまうのが人間の性（さが）です。しかし、経験豊富なシニアリーダーが後悔していることの第1位は、「人に対する取り組みが遅かった」というものです。できるだけ早い段階で適切な役割分担を見極め、迅速に手を打つことに強い関心を持ちましょう。適切な人材が適切な役割に就き、適切なサポートを受けることは、高いパフォーマンスを発揮するチームの基本的かつ不可欠な構成要素です。適切な人が適切な役割に就いていなければ、チームは成り立ちません。

　適材適所とは、チームのミッション、ビジョン、バリュー、そして個人の強みによって導かれるものです。強みは、成功のために必要なものです。しかし、それだけでは十分ではありません。人はうまくやりたいと思わなければなりませんし、その役割になじまなければなりません。「強み」「モチベーション」「フィット感」の3つの観点から考えるのが効果的です。

強み

　適切な人材と適切な役割をマッチングさせましょう。マーカス・バッキンガム氏とドナルド・クリフトン氏は、著書『*Now, Discover Your Strengths*』の中で、才能、知識、スキルからなる個々の強みを生かすことで、人はより良い成果を上げることができると主張しています。ギャラップ社によると、「強みとは、特定の活動において常に完璧に近いパフォーマンスを提供する能力である」と言います。同社の「クリフトンストレングスオンライン才能テスト™」のようなツールを使うことによって、人材と役割のマッチングを図ることができ、かつ、それはチームのキャリア開発の価値ある支援にもなります[1]。

　人は失敗やミスから学ぶものなので、「苦労する経験」を与えることは有効です。稀に、芸術的な気遣いや感性に基づいた強みを職人技にまで高める人もいます。このことは、生まれつきの才能、学んだ知識、訓練したスキルに加えて、長年苦労して獲得した経験や修業により身につけた技能など、より全面的な強みの見方を示唆しています。

---

[1] Marcus Buckingham and Donald Clifton, 2001, *Now, Discover Your Strengths*, New York: Free Press.

モチベーション

　もし、あなたが部下の価値観やゴールを理解し、彼らがゴールを見据えて現在行っていることを理解すれば、彼らが自分自身や組織にとって適切な役割を見つけ、その役割を全うできるよう手助けする上で、非常に有利になります。最近の人事考課を見たり、オンボーディングの初期（第一印象の形成期）に書いた日誌を見返したり、入社後数週間の間に観察したことを振り返ってみてください。

フィット感

　フィット感は、個人の文化的嗜好と組織の文化がどの程度一致しているかで決まります。態度の視点（パースペクティブ）、価値観、先入観などをしっかりと見極めましょう。

　パースペクティブとは、ビジネス上の問題を解決するために、人々がどのように訓練されてきたかによって生まれた態度のことです。それは、人々のビジネス経験の蓄積であり、彼らのメンタルモデルに現れています。例えば、古典的なセールス視点を持つ人は、どんな商品でも顧客に売ることができると考えるかもしれません。逆に、マーケティング的な視点を持つ人は、組織が顧客のニーズに合わせて製品やサービスを変更するべきだと考えるかもしれません。どちらかの視点が優れているということではなく、異なるということなのです。

　個人の価値観すべてが組織の価値観のすべてと一致することは稀です。しかし、コア・バリューのほとんどが一致し、そのどれもが互いに真っ向から対立しないことが重要です。

　仕事での行動は人それぞれです。ある役割では、より緊迫感のある人が必要とされるかもしれません。また、物事を熟考してから取りかかる人が必要な役割もあります。もし、出勤時間が遅くなりがちな人に、皆が出社する前にグループの夜間営業報告書を作成する役割を与えたら、その人は本来の傾向に逆らって仕事をすることになり、失敗（と報告書の不備）の原因になる可能性が高いでしょう。

うまくいっていないとき、待つな！

　私たちは過去20年間に50回以上のCEOブートキャンプを開催し、それぞれ8～12名のCEOやその他の専門家と時間を共にしました。その際、「間違った

役割を担っている人たちに対する対応が遅かった」という後悔の念が、常に浮かび上がってきました。

そして、高業績者が一番に望むことは、彼らの進む道から邪魔なものを排除してくれることです。そのため、リーダーが間違った役割を担っている人をようやく異動させたとき、「どうしてそんなに時間がかかったのか」という反応を受けるのは当然のことなのです。そして、あるCEOは、「彼らの中には、私の判断を疑い始めている人がいることを知りました」と述べています。

リーダーの中には、待つことが良いことだと思っている人がいます。しかし、そうではありません。間違った役割を担っている人は、ある程度、自分が間違った役割を担っていることに気づいています。早く適切な役割に転換させることができれば（組織内であれ、他の場所であれ）、関係者全員にとってより良い結果をもたらすでしょう。

チーム内でどの程度のスピードで動くべきか？

一般的には、70日または10週間が経過した時点で、役割分担と人材配置の計画を立てます。もっと早く進める必要がある場合もあれば、計画を実行するのに時間がかかる場合もあるでしょうが、70日目というのは、すべてを把握するのに適した目指すべき時間枠です。

あまりに速い動きにはリスクがあります。リスクとは、誤った判断をしたり、衝動的すぎると思われたりすることです。70日目には、心を燃やす命題ワークショップ、マイルストーン管理プロセス、そして何人かの人たちは、早期の勝利を達成しようとする姿を見る機会があるでしょう。70日目には、重要な決定を下すのに十分な情報が得られているはずです。

ゆっくり動きすぎると、もっと大きなリスクがあります。100日目ごろまでに、あなたはチームを所有する立場になります。チームを自分のものにするということは、問題児メンバーの存在もあなたの問題になるということです。チームの失敗や未解決の問題を前任者のせいにすることはもうできません。また、他のメンバーは誰が弱点なのか、あなたが指揮をとる前から知っていたかもしれません。彼らは、あなたがタフな動きをすることを望んでいるのです。ハイパフォーマーが一番に望むことは、経営陣が低業績者に対してのアクションをとり、グループ全体がより大きな成果を上げられるようにすることです。もし、

あなたがあまりにゆっくり動きすぎると、メンバーたちはなぜそんなに時間がかかったのかと思うことでしょう。

　はっきり言えば、すべての決断を一度に実行に移すことはできません。場合によっては、弱いチームメンバーをサポートしたり、後任のチームメンバーを採用してスピードを上げさせるまでの間、強力なチームメンバーを間違った役割にとどめながら移行計画を立てる必要があるかもしれません。何が何でも最初の70日間ですべての手を打つべきだというわけではありません。しかし、計画を立て、意図的なペースで手を打ち始め、できるだけ早くその動きが出てくるように行動する必要があります。

心にとどめておきたいヒント

　チーム内でとにかく早く動くことを心がけましょう。早く動きすぎることのリスクは、間違った場所に長く人を置いておくことが引き起こす影響に比べたら、大したことではありません。

パフォーマンスと役割をマップする

　適切な人材を適切な役割に配置することは、成功への重要な原動力です。ツール9.1の真髄は、人材と役割をマッチングさせるグリッドです。このグリッドは、パフォーマンスと役割の一致という2つの側面に基づいています。このグリッドに人をマッピングすることで、どの人が適切な役割にあり、どの人がそうでないかを判断できます。また、支援すべき人、異動させる人を考えることができるようになるのです。これは、複雑なテーマをシンプルに考えることができるとても効果的なツールです。

　「パフォーマンス指標」は、その人の現在の役割における前回または今回のレビュー／アセスメントから導き出されます。ゴールに対する結果を基に、最近観察されたパフォーマンス、行動、コミュニケーションなどで補完されます。

　「役割一致度」とは、役割に必要な強み、モチベーション、フィット感を、その役割を担う人のそれらと比較した相関関係です。役割の強み、モチベーション、フィット感は、役職定義書から導き出す必要があります。個人の強み、モチベーション、フィット感は、最新のレビュー、ギャラップ社の「クリフト

ンストレングスオンライン才能テスト™」、または他の質問表やアセスメントツールからも導き出すことができます。

　なかには、十分に成長して昇進の準備ができているだろうという理由だけで、間違った役割に就いている人もいるかもしれないことに留意してください。このような人をそのままにしておくと、モチベーションの低下や望まない退職のリスクが高まります。また、個人の強みと業務に必要な強みのミスマッチを補おうとしている様子があれば、それはミスマッチの確実な兆候です。このような人たちにとって、「発展」することこそが適切な行動です。どちらの場合でも、候補者をより適切な役割に移行させる計画を立てるのが良いでしょう。移行が遅れると、自分自身やチームが困ったことになります。

　人材を管理する際、ほとんどの組織がこの違いの見極めに失敗しています。全員を同じように扱うと、やる気もなく、刺激もなく、進化もしないチームになってしまいます。各メンバーには、それぞれに合った人材開発計画を立てる必要があります。

　まず、業績（低パフォーマンス、効率的、優秀）と適切な役割に就いているかどうかに基づいて分類することから始めましょう。分析には、**ツール9.1**が便利です。

　一般的な出発点のガイドラインとして、役割のフィット感にかかわらず、優れていると評価を受ける人材は、チームの10〜15％にとどめるようにしましょう。そういった人材はほとんどが効果的で、適切な役割に就いていることを期待して、最優先でサポートしましょう。

　優秀なパフォーマーを適切な役割についてもらうことで大切にする一方、他の従業員には、そのパフォーマンスや状況を向上させるために必要な支援をしましょう[2]。

ストロングパフォーマーと三種の神器

　まず、優秀な人材に投資をします。多くのリーダーが、業績不振者の対応に時間を取られ、適切な職務に就いている人、特に優れた業績を上げている人に

---

[2]　George Bradt, 2017, "The Only Six Variable Approaches to Talent Management: Invest, Support, Cherish, Move Up, Over or Out," *Forbes*, June 14.

十分な注意を払わないうちに退社を表明されてしまいます。

　それではいけません。その代わり、優秀なパフォーマーにはより「良い」待遇を与え、彼らが退職の可能性を口にすることがないようにしなければなりません。以下を三種の神器と思ってください

- *Good for others*（他者のために良いこと）：ミッションや目的の中で、ハイパフォーマーに「他者のために良いこと」を伝え触発する
- *Good at it*（得意なこと）：優秀な人材が得意なことをより多くできるよう、障壁を取り除くために必要なことをする
- *Good for me*（私によって良いこと）：優れたパフォーマンスを発揮する人には、それにふさわしい評価と報酬を与え、確実に受け取ることができるようにする。優秀なパフォーマーの知識、スキル、実績が高まるにつれ、彼らの新たな市場価値を認識し、それに報いるのはあなたであることを確認する[3]

ポジション・プロファイルとポテンシャル

　パフォーマンスと役割の適切性をマッピングすることで、誰が正しい役割に就いていて、誰がそうではないのかを早期に特定できるようになります。その際、役割適合と*潜在能力*を混同しないようにすることが重要です。役割の一致は、現在のポジションに焦点を当てます。その人が今のポジションでうまくいく可能性はどのくらいあるのかを考えます。一方、ポテンシャルは、成長、育成、将来の昇進に焦点を当てます。昇進のために必要なことは何なのか？　昇進のための適切なスケジュールはどんなものなのか？を検討します。

　「ポジション・プロファイル」とは、組織において、与えられた役割の中で成果を上げるための基盤を設定するために形式化された方法です。ポジション・プロファイルは、組織ごとに独自の方法で作成されます。ポジション・プロファイルは、人材の獲得、評価、指導、育成、昇進に活用することができます。より良いポジション・プロファイルには、ミッション、ビジョン、強み、モチベーション、ポジションへのフィット感など、重要な要素が含まれています。それぞれの

---

[3]　George Bradt, 2015, "Why You Should Never Make or Take Counter Offers," *Forbes*, November 18.

領域で考慮すべきベンチマークについては、次のセクションで詳しく説明します。

未来のリーダーを育成する

　一般に、リーダーというと、チームにインスピレーションを与え、支援するような「対人的リーダー」を思い浮かべます。しかし、多くの組織では、「芸術的リーダー」や「科学的リーダー」も必要です。すべてのリーダーに共通する特徴は、他者を刺激して、自分よりも優れた存在になるように仕向けることです。次の３つのタイプのリーダーは、それぞれ異なる方法で他者を鼓舞します（表9.2）。

　　芸術的リーダーは、感情に影響を与えることで人々を鼓舞します。私
　　たちがものを見たり、聞いたり、味わったり、香りをかいだり、触っ
　　たりする際に、新しいアプローチをする手助けをしてくれます。この
　　ようなリーダーは、新しいデザイン、新しいアートなどを創造します。
　　このような人たちは、一般的に支配や指導には興味がありません。彼
　　らにとって重要なことは認識や知覚を変えることなのです。

　　科学的リーダーは、思考とアイデアで知識に影響を与え、指導し、鼓
　　舞します。彼らは新しい技術の創造、研究、執筆、教育などを行って
　　います。彼らのアイデアはよく考え抜かれ、データや分析に裏付けら
　　れ、論理的であることが多いようです。このような人々は、他の人々
　　が問題を解決するのに役立つ構造とフレームワークを開発します。

　　対人的リーダーは、チーム、組織、政治など、対人的な集団の先頭に

表9.2　芸術的、科学的、対人的なリーダーシップの特徴

	対人的リーダー	科学的リーダー	芸術的リーダー
どこで勝負するか？	コンテクスト	問題	メディア
何が重要か／なぜか？	原因	ソリューション	認知
どうすれば成功するのか？	チームの団結	より良い考え	新しいアプローチ
つながる方法は？	ハート	マインド	魂
何に影響を与えるか？	行動	知識	感情

立ち、支配し、導き、奮い立たせる存在です。彼らはさまざまな形や
規模で存在し、さまざまな方法で行動に影響を与えます。対人関係に
おけるリーダーに共通しているのは、他者を導くという点です。

　それぞれの役割において、あなたのチームが最も必要としているのは、どの
ようなタイプのリーダーなのか、自問してみてください。必要とされているの
に、まだチームにいないタイプのリーダーはいますか？　チームメンバー全員
のリーダーシップの可能性と生まれ持ったタイプを評価することで、継続的な
成功のための最適な育成方法のヒントが見えてくるはずです。最強のリーダー
の特徴の1つは、他のリーダーを育成する能力があることです。できるだけ多
くのリーダーを育てるよう努めることで、あなたの組織は安定した成長を遂げ、
多くの人々にインスピレーションを与えるという財産を残すことができるのです。

Chapter 9　まとめ

　まず、ミッションを実行するために、適切な組織と役割を定義することから
始めましょう。各主要職務の成功に必要な能力、知識、スキル、経験を具体的
に示し、適切な人材を配置しましょう。
　人材の獲得、育成、奨励、計画、移行によって、組織をより強固にします。

　獲得：適切な人材を募集採用し、引き付け、オンボード（早期に戦力
　　　　化）させる
　育成：スキル、知識、経験、技能を評価・構築する
　奨励：指導する、支援する、認知する、報いる
　計画：モニターし評価し、長期的なキャリアアップを計画する
　移行：適宜、異なる役割のローテーションを行う

　違いに注目しましょう。世の中には、3つのタイプのリーダーが必要です。
「科学的リーダー」は知識に影響を与え、「芸術的リーダー」は感情を動かし、
「対人的リーダー」は行動に影響を与えます。この3つは、必ずしも相反する
ものではなく、チーム作りのために、適切な人材を適切な役割でサポートする
ことで、ジャンプスタートさせましょう。

最も苦痛を伴う選択のいくつかは、この領域で行われることになるでしょう。すべての人を喜ばせようとすると、誰も喜ばせられなくなります。現在間違った役割を担っている人たちや、近い将来間違った役割を担うことになる人たちのために行動することは、リーダーシップの最も楽しい部分とは言えませんが、不可欠な部分です。

自分に問いたい質問集

- 適切な人材を適切な役割に就けるために、適切なスピードで行動しているか？
- 適切な組織構造と役割分担を定義できているか？
- ミスマッチを発見したら、すぐに厳しい選択をするようにしているか？
- リーダーとして、適切なリーダーシップスキルとリーダーシップスタイルのバランスを考えているか？
- 適切な育成計画を立てているか？
- 適切なバックアップと危機管理計画があるか？
- 将来のリーダーが生まれ、成長するような環境を作っているか？

　すべてのツールの最新版、完全版、編集可能版はprimegenesis.com/toolsでダウンロード可能です。

ツール9.1
役割の分類

	低パフォーマンス 15〜20%	効果的 65〜70%	優秀 10〜15%。
適材適所	**投資する** （パフォーマンスを向上させるために）	**支える** （現在の役割で）	**大切にする** （特に注意して）
不適切な役割	**退出** （敬意と尊敬を持って迅速に）	**役割転換** （オンボーディングプランで素早く）	**昇進** （オンボーディングプランとメンター）

適切な役割だがパフォーマンス低い：投資

彼らの役割を明確にし、マネジメントを修正し、必要なトレーニングやリソースを与えれば、彼らはパフォーマンスを発揮する。

適切な役割で効果的：サポート（支える）

現在の職務をサポートするために適切な投資を行い、彼らが成長し、パフォーマンスを発揮し、幸せであり続けることを支援する。

適切な役割で傑出している：育成（大切にする）

彼らが成長し、能力を発揮し、現在の役割に満足できるよう、十分な投資をする。

不適切な役割で、パフォーマンスも低い：退出

敬意と思いやりをもって接し、最小限の裁量投資で異動させる。

不適切な役割で効果を発揮している：役割転換

燃え尽きる、あるいは辞めてしまう前に、彼らを見つけ出し、適切な役割に転換させる。

適切ではない役割なのに傑出している：昇進

誰かが彼らを雇ってしまう前に、彼らを昇進させる。あなたが満足する前に昇進させ、新しい役割で成功できるよう、より多くのサポートをする。

募集要項

職種、部署、報酬等級、開始日などを指定して募集する。

ミッション／責任

なぜこのポジションが存在するのか？
目標、ゴール、望ましい結果は何か？

組織の他の部分にどのような影響を与えることが望ましいのか？

その役割の具体的な責務は何か？

どのような組織関係や相互依存関係が重要か？

その役割のビジョン（成功のイメージ）は何か？

強み

どのような能力を備えた人材が必要か？（生来の性質）

どのような知識が必要なのか？（習得したこと：教育、訓練、経験、資格など）

どのようなスキルが必要か？（実践：テクニカルスキル、人間関係スキル、ビジネススキル）

必要な経験とは？（苦労して勝ち得たこと）

どの程度の専門技能が必要なのか？（芸術的な思いやりや感性）

モチベーション

その役割における活動は、その人の好き嫌いや理想の仕事の条件にどのように合致するか？

その人の望ましい長期的な目標に向かって、どのように進んでいくのか？

フィット感

その役割に求められる行動、人間関係、態度、価値観、環境的嗜好は何か？

会社のワークスタイルの特徴は？

グループのワークスタイルの特徴は？

上司の仕事ぶりの特徴は？

候補者はそれぞれの特徴にどの程度適合しているか？

Chapter 10

100日目までに、
自社のリーダーシップ、人材、
実践、文化を調整し、発展させる

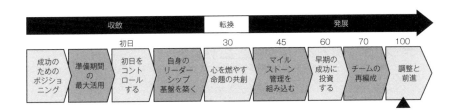

　あなたは、ついに100日間という節目を迎えました。計画を立て、あいまいな準備期間を活用して迅速に学習し、計画を改善し、すべての主要なステークホルダーと強固な関係を築きました。あなたは文化に関与し、新しいオーディエンス（上、下、横）に明確なメッセージを伝えることで、強い印象を与えました。あなたのチームは、共同で作成した「心を燃やす命題」によって活気づきました。あなたは、説明責任を果たすためのマイルストーン管理プロセスを確立し、早期に成果を上げ始めています。あなたは、チームを評価し、ビジネスの将来ニーズに合わせて再編成を始めました。

　さて、次はどうするのでしょう？　調整し続け、前進し続けます。あなたは次の4つの重要な領域で発展していきたいのではないでしょうか。

1. **リーダーシップ**：100日間という節目は、自分自身のリーダーシップについてフィードバックを得るのに良い機会です。より効果的なリーダーとなるために、直属の部下や組織全体に対して、何を維持し、何をやめ、何を始めるべきかを見極める必要があります。

2．**人材**：状況の変化に合わせて、人材と関連するプロセスをどのように発展させるかを決断します。

3．**実践（マイルストーン管理、長期計画、プログラムマネジメント）**：正しい測定を行い、計画の策定と実施に十分な手法を構築しているかどうかを評価します。

4．**文化**：100日間を経て、文化に対するあなたの洞察力は、始めのころよりも鋭くなっています。また、文化をどのように発展させたいかも明確になっていることでしょう。最も大きなギャップに焦点を当て、最大の競争力となる"勝ち続ける企業文化"を創造し、維持するための計画を実行に移しましょう。

リーダーシップの調整と前進

　下記の3つのステップを踏んで、リーダーシップを調整し、前進させましょう。

　ステップ1：リーダーとしての自分の有効性を評価し、より効果的になるために調整すべき点を明確にします。

　100日間計画、マイルストーン管理、文化の発展の記録、多様性の向上、最近の決算など、手元にある資料を参照し、あなた（そして役員や上司）が設定したゴールに対して、どのような成果を上げたかを評価してください。軌道に乗っている場合は緑、リスクがある場合は黄（ただし、軌道に乗るための確実な計画があること）、失敗しそうな場合は赤（軌道に乗るための確実な計画がない）と評価します。上司にも同じように評価してもらい、認識や期待にズレがないかを確認します。

　次に、縦横斜めの重要なステークホルダーから、自分のパフォーマンスについて360度のフィードバックを集めます（自分も同じ質問に答えることで、自分の考えと他人の考えを比較することができます）。こうすることで、（1）他人がどう感じているかを知り、（2）自分と他人から見た自分の間にある矛盾を明らかにし、（3）他人からの意見を求め、考慮するという行動の規範とすることができるのです。

フィードバックをもらうための質問は以下です：

- 特に効果的で、*続けていくべき*ことは何ですか？
- 自分の効果性を邪魔している、*やめるべき*ものは何ですか？
- さらに効果的にするために、他にどんなことを*始めたら*良いでしょうか？

ステップ2：成果を上げるために*何*を重視するかだけでなく、エンゲージメントを高めるためにどのようにコミュニケーションをとり、メンバーをリードしていく必要があるかを明記した**リーダーシップ開発計画を作成します。**

　セルフアセスメントと360度フィードバックの結果をもとに、開発計画を策定します。戦略、オペレーション、組織に関する重要な成果物や、より効果的なリーダーとなるために強化すべきリーダーシップの習慣を明確にします。

ステップ3：計画を練り直し、軌道に乗せるための**サポートパートナーを見つけます。**まず、優先順位に沿って確実に進めるため、上司に協力してもらうことから始めましょう。固定項目と変更可能な項目の適切なバランスをもったアジェンダを作成し、定期的なコミュニケーションをとります。組織的な計画が必要な場合は、アシスタントやチーフスタッフを活用し、重要な項目に時間を割けるようにします。行動面のコーチングが必要な場合は、信頼できるメンターや元上司、役員、人事部のパートナー、外部のコーチ、コンサルタントなどに依頼すると良いでしょう。

　いずれにせよ、願望を行動に移し、行動を習慣化するためのサポートを探してください。そうすることで、あなたはより良いリーダーへと進化することができるのです。

チームの育成

　100日という節目は、個人として、そしてチーム全体としての人材育成に重

点を置き、長期的な成功に向けた体制を整えるのに良いタイミングです。

　長期的な組織開発計画を、より長期的な（3年以上の）戦略計画と整合させるためのプロセスを始動させます。以下の4つの要素について検討しましょう。

1. **将来の能力開発計画**：長期的な戦略から始まり、その長期的な計画を実行するために、どのような長期的な人的能力が必要になるかを検討します。この未来の組織計画を現在の組織状態と比較し、両者の間にどのようなギャップがあるのかを特定します。一般的には、これらのギャップを埋めるために、以下のような組み合わせで計画を立てます。
   - 学んだ知識、実践したスキル、苦労して得た経験、スキルや才能を発揮する機会のある任務、職人レベルの芸術的配慮や感性、生来の才能の強化などによって、現在の人材を育成する
   - 新しい才能を持った人材を獲得し、長期的に育成する
   - 必要な時に備え、育成に多くの時間をかけなくて良い人材を獲得する
   - 必要な時に即戦力となる人材を獲得する
2. **後継者育成**：重要な役割を担う人材を確保することから始め、その役割を引き継ぐことができる人物の確保を計画します。後継者候補の中には、育成が必要な人もいるかもしれません。
3. **危機管理計画**：何らかの理由でリーダーの一人が役割を果たせなくなった場合に、誰がそのポジションを埋めることができるかを評価します。このようなバックアップ人材は、常駐させることもできるでしょうし、また、暫定的に役割を担ってもらう人を任命する場合もあるでしょう。短期間だけ外部の人間に入ってもらうこともできます。
4. **パフォーマンスマネジメント・タレントレビュー**：個人の開発計画の進捗をモニターし、適切な人材に、知識を構築するためのトレーニングや、スキルを実践し構築するためのプロジェクトや経験を積むための任務を与えることによって、潜在能力を最大限に引き出すことを支援します。

　この4つのプロセスを年単位で行うように、スケジュールを組みます。

実践の強化：マイルストーン管理、プログラム管理、そして長期計画

マイルストーン管理

ここまでで、チームとして最も重要な成果に集中するためのマイルストーンのトラッキングは順調に進んでいるはずです。マイルストーンが目標から外れていない限り毎月行うべきことですが、マイルストーンが目標から外れている場合は、マイルストーンが軌道に乗るまで頻度を増やす必要があります。

この時点で一旦停止して、トラッキングプロセスを評価する必要があります。計画通りに進んでいるか？　正しいマイルストーンをトラッキングしているか？　ミーティングは効率的で、最も重要な問題に焦点を合わせているか？必要に応じて分析し、調整してください。

長期計画

また、長期的な思考と短期的な実行の適切なバランスを確保することも必要でしょう。長期的な課題（人材レビュー、戦略的計画とレビュー、将来的な能力、後継者と危機管理計画、業務オペレーションレビュー）を四半期ごとの会議のスケジュールに組み込み、年に一度はそれぞれを確実に取り上げることを検討してください。

毎月のミーティングに加え、四半期に一度、長期的な問題に対処するための時間を設けるのです。これは、それぞれの要素が次の要素につながるサイクルです。表10.1のカレンダーを出発点として、組織のニーズに合わせて調整し、重要な部分を見落としてしまわないようにしてください。

表10.1　四半期ごとの会議の流れ

月次	マイルストーンの更新と調整
各四半期の中間月	ビジネスの見直しと調整に加えて、特別なトピックの深掘りを行う 特別なトピック 　　Q1：人材レビュー 　　Q2：戦略的レビューとプランニング 　　Q3：将来的な能力、後継者育成計画、危機管理計画 　　Q4：業務オペレーションレビューとプランニング ビジネスレビューに**ツール10.1**を活用しましょう

プログラムマネジメント

　まだの方は、今こそプロジェクト／プログラムマネジメント能力を検討する時です。新しいリーダーとして、既存の職務の現任者に代わって、あるいは合併、買収、組織再編によって生まれた新しい職務に就く場合、あなたはおそらく、慣れた方法よりもはるかに短い期間で組織を変革し、業績をより高いレベルに引き上げるよう求められています（民間資本やベンチャーキャピタルが所有する環境で事業を展開している場合などは特にそうでしょう）。

　その結果、チームにはいくつかの新しいプロジェクトが導入される可能性があります。それらは、イノベーション、販売効果、経費削減、オペレーショナル・エクセレンスなどを推進するプロジェクトであったり、人的資源のニーズのベンチマーク、システムのアップグレード、チームのアップグレード、提携パートナーやM＆A対象の特定などであるかもしれません。

　100日目には、あなたが推進したい変化の量と、同時に新規プロジェクトをいくつ実行できるかという組織能力を感じ取ることができているでしょう。もし、プロジェクトの数が圧倒的であれば（おそらくそうなるでしょうが）、プログラムマネジメント機能を導入してチームの能力を高めることができます。

　プログラムマネジメントとは、組織のパフォーマンスを向上させることを目的として、関連する複数のプロジェクトを管理するプロセスです。プログラムマネジメントのスキルがチームにあれば、複数のプロジェクトの依存関係、ボトルネック、リソースの問題、時間的な矛盾などを見抜くことができます。優れたプログラム管理者は、課題を特定し、選択肢を明らかにすることができ、チームによる意思決定を可能にします。新しいチームにとって、日常業務に加えて1つか2つの新しいプロジェクトを管理することは、十分に複雑なことです。複数のプロジェクト、ましてや買収のような大きなプロジェクトが導入されたらどうでしょう。カオスに陥ります！

　プログラムマネジメントのスキルセットは、すでに組織内に存在していることが多いでしょう。例えば、情報技術、オペレーション、財務、戦略、製品開発のチームなどにです。必要なスキルが社内にない場合は、フルタイムまたはパートタイムのプロジェクトおよびプログラムマネジメントの専門家を雇用して、多数の取り組みを望ましい結果に導くための支援を受けることを検討しましょう。**ツール10.3**を参照してください。

文化を発展させる

　新しい役割への就任から100日が経過した今は、組織の文化をさらに意欲的に目標とする文化へと発展させる良い機会です。文化構築における新しいリーダーの役割は、次の5つの段階を経ると考えてください。

1. 自分の文化的嗜好を確認する（成功のための準備）
   - あなたは仕事を受け入れ、スタートする前に、自分の視点でカルチャーフィットの度合いを評価しました。
2. 組織の文化的アイデンティティ、定義されたものとそうでないものの観察（あいまいな準備期間を活用して）。
   - この段階で意図的に情報収集を行い、これから入る文化に備えました。
3. 独自の文化的エンゲージメントプランの作成（初日の前に）。この段階で、
   - あなたは、組織変革の必要性を評価した上で、組織に入る際の自分に必要な積極性レベル（衝撃、同化、収斂、発展）を決定しました。
   - ステークホルダーを妨害者、支持者（コミット者・貢献者）、傍観者に分類し、関係構築の焦点を絞ることができました。
   - あなたは、チームの変革のためのプラットフォームと行動への呼びかけを反映した入社時のメッセージを構築し、洗練させました。
4. 最初の100日間で文化に影響を与え、現段階で、推進し始めています。この段階では、
   - 早くから頻繁にメッセージを送り、何を話し、どこで、誰と過ごすかによって、自分にとって何が大切か（価値観）を伝えてきました。
   - ミッション、ビジョン、バリュー、戦略、アクション、オペレーションの頻度に関する合意を得ることで、企業文化を定義する大きなステップとなる「心を燃やす命題」を共同で作成しました。
   - あなたは、マイルストーン管理ツールを確立し、文化的な流れを作るために早期の成功を推し進めました。
   - あなたは、人材と組織について決定を行い、ビジョンに向かって文化を変えていくことをサポートする方法で、それを伝えました。
5. 100日目以降も発展させていきます。

三位一体の取り組み

　文化の発展には、三位一体の取り組みが必要です。まず、文化に根づかせようとする具体的な価値観や行動様式について、あなたとあなたのリーダーチームとの足並みが揃っていることを確認します。

　次に、リーダーチームと協力して、文化の次元（行動、人間関係、態度、価値観、環境の「BRAVE」）に照らし合わせて、組織としての現状を評価します。望ましい状態に近づけるためには、チームとしてどこに焦点を当てる必要があるかを明らかにします。

　第三に、あなたとあなたのリーダーチームがBRAVEに従って足並みを揃え、これらの要素について発展させるべき点が明確になったところで、目指す方向を反映したビジネスプロセスの変更に着手してください。そして、その変革を強化するために、コア人材が確実に仕事を処理できるよう、時間をかけて望ましい文化を根付かせましょう。

パフォーマンス・フィードバックと報酬・評価

　測定可能な結果だけでなく、目標とする文化と合う実証的な行動についてもフィードバックを行います。できるだけ頻繁に、行動が行われた瞬間にフィードバックします。

　具体的な成果だけでなく、望ましい行動を示した人を公的に評価します。

社内コミュニケーション

　積極的な社内コミュニケーション・プログラムは、企業文化を発展させるための活力源です。まず、あなたが推進する文化について、何を強化したいのか、メッセージを明確にします。例えば、顧客の問題を解決するためにチームワークを強化する必要があるなら、ランチ＆ラーン（Lunch & Learn）などのプログラムを導入して、情報を共有し、チームで同じ見解を持つようにします。また、リーダーチームのメンバーの同僚をスタッフミーティングに招待し、各部門からのニュースの共有を奨励するのも良いでしょう。チームと企業の文化を、市場においてより積極的な姿勢へと進化させようとしているのであれば、チームメンバーが積極的にリスクを取り、ビジネスを獲得した事例を称えましょう。

　ただ、メッセージをオーディエンスに合わせ、文化を伝えるために継続的かつマルチメディアなアプローチをとることを心がけてください。

避けられないサプライズに適応する

　カリフォルニア大学ロサンゼルス校（UCLA）バスケットボール部の伝説的なコーチで、チームを全米大学体育協会で驚異の10冠達成に導いたジョン・ウッデン氏は、次のように語っています。「物事は、物事の成り行きを最善にしようとする人々に対して最善になる」。リーダーとして、物事の成り行きを最善にするのは、あなた自身に他なりません。最初の100日間をどれだけ綿密に計画しても、どれだけ規律正しくフォローアップしても、予想と異なることが起こるでしょう。予期せぬことや計画外のことに対応しながら前進し続けることができるかどうかが、リーダーのトランジションの成功か失敗かの決め手となることがよくあります。

　早期に着手し、戦術的能力の構成要素を迅速に展開する主な利点の１つは、あなたとあなたのチームが、状況の変化や不測の事態に適応するための準備をより早く整えられるようになることです。柔軟かつ流動的に対応する能力は、戦術的能力を備えたチームの特徴であることを忘れないでください。年次／四半期／月次のミーティングスケジュールを立てることで、チームは、時間の経過とともにチームに影響を与える可能性のある変化を認識し、それに対応することができるようになります。

　決してすべてのサプライズが同じとは限りません。サプライズが起きてからのあなたの最初の仕事は、自分自身とチームの対応を導くために、サプライズを分類することです。もし、それが些細で一時的なものであれば、既存の優先事項に集中しましょう。もし、それが些細なことであっても永続的なものであれば、人材、計画、実践の発展につなげましょう。

　大きなサプライズは、また別のゲームです。それが一時的なものであれば、危機管理やインシデント管理に移行することになるでしょう。もし、それが不可逆的で永続的なものであれば、新しい現実に対処するために、何らかの根本

的な変更を行う必要があります。変化を評価するときは、**表10.2**を参考にして、適切な対応策を講じてください。

表10.2　チェンジマップ

種類	一時的影響	永続的な影響
小さな変化	**軽微な対処**：コントロールし、優先事項へのフォーカスを維持する	**発展**：チームの継続的な展開を考慮する
大きな変化	**管理**：事件的な出来事への対応策の管理を計画する	**再起動**：根本的な再配置が必要

主要だが一時的なもの

　大きな、しかし一時的な驚きの始まりは、良いスタートであることも悪いスタートであることもあります。しかも、必ずしもスタートと同じように続くとは限りません。危機にうまく処理すれば良い展開になりますが、重大な出来事にうまく処理できなければ、重大な危機へと簡単に変わってしまいます。その差は、事前準備、対応策の実行、そして次回のための学習と改善策の度合いによって決まります。この点については、Chapter 14でさらに詳しく説明します。

重大かつ永続的なもの

　永続的で大きな変化には、根本的な再起動が必要です。大きな変化とは、顧客のニーズ、協力会社の方向性、競合他社の戦略、あるいは事業を取り巻く経済・政治・社会環境などの重大な変化である可能性があります。また、組織再編、買収、スピンオフ（事業の切り離し）、新しい上司の就任、上司の交代など、社内の変化である場合もあります。

　どのような変化であれ、それが大きく、永続的なものであれば、再スタートを切ることです。最初に戻って、完全な状況分析を行い、主要なステークホルダーを特定し、あなたのメッセージを見直し、コミュニケーションプランを再開します。そして、新たな目的に沿って、人材、計画、実践を再調整してください。最もよく適応したものが生き残ることを忘れないでください。

Chapter 10　まとめ

リーダーシップ：自分のリーダーシップを評価し、さらに向上させる計画を立てる。計画を実行するためのサポートを受ける。

人材：能力開発計画、後継者育成計画、危機管理計画、パフォーマンスマネジメント、毎年のタレントレビューを行い、人材に投資する。

実践：ビジネスと長期計画プロセスを四半期ごとにレビューし、マイルストーン更新を月次で行うようにする。変化の量が多く、既存のプロセスでは管理しきれない場合は、プログラムマネジメントのスキルに投資する。

文化：リーダーチームを巻き込み、変革プログラムを強化・加速するツールを導入することで、現在の文化と目標とする文化のギャップを埋める。

サプライズ：サプライズに対しては、その影響の程度と長さに応じて調整する。

Finis origine pendet（終わりは始まりによって決まる）— 1世紀のラテンの詩人マルクス・マニリウスはそう言っています。新しいリーダーとしての役割への移行やチームの合併などでは、始めの一歩を正しく踏み出さなければ、終わりは醜いものになるでしょう。

逆に言えば、本書のフレームワークに従って、アドバイスやツールを活用すれば、チームを正しい場所に、正しい方法で、正しいタイミングで導くことができるようになります。そうすれば、信頼、忠誠心、コミットメントを育み、チームはそれに従うようになるでしょう。

本書で紹介されている実績あるオンボーディングの方法論を用いて、人材、計画、実践を強化し、同期させることで、周囲を鼓舞し、力を与え、力を合わせ、共に絶対的な力を発揮できるようにするための戦術的能力を構築し、有意義でやりがいのある共通の目的を実現し、誰もが想像する以上に早く良い成果を上げることができるようになります。

すべてのツールの最新版、完全版、編集可能版はprimegenesis.com/toolsでダウンロード可能です。

四半期レビュー

このツールとプロトタイプのアジェンダを使用して、四半期ごとのミーティングを計画します。

テーマ：計画、前年度および見通しを比較した財務実績と主要な取り組みに対する進捗状況

四半期ごと：

前四半期のレビュー：期待値に対する結果、および応用可能な学習の特定
当四半期のアップデート：進捗状況の確認と戦術的な調整
次四半期：実施内容の確認

第二四半期終了：計画の最終化
第三四半期終了：予備計画への合意
第四四半期終了：優先順位への合意

四半期レビューのプロセスでカバーする年間タスク：

Q1：タレントレビュー
Q2：戦略立案（3年間の財務目標）
Q3：将来の能力開発、後継者育成、継続的な能力開発計画
Q4：来期の事業計画・予算について

社内コミュニケーション

このツールを使って、社内コミュニケーションの計画を立ててください。
間接的なコミュニケーションで気づきを与え、コンプライアンスを推進します。
理解を得るためには、直接的なコミュニケーションで貢献を促します。
コミットメントを支えるのは、信念を後押しする感情に訴えるコミュニケーションです。

間接的なコミュニケーション
（どちらかといえば大勢に伝えるメディアや大人数でのミーティングなどを通じて）

- 日々のブログ記事
- 週次更新
- 月次報告
- 四半期および年次レビュー
- 特別なお知らせがある場合

直接的なコミュニケーション
（質疑応答やディスカッションが可能な少人数のミーティング）

- 日次・週次・月次のスタッフミーティング
- 四半期ごとのレビュー
- 特別ミーティング

感情に訴えるコミュニケーション
（マンツーマンで感情を汲み取る）

- 重要な行動を促す先行条件
- 行動
- 行動の結果（ポジティブとネガティブ）

ABCDEモデルを活用し、コミュニケーション効果を最適化する：
A- Audience（聞く人）：どのような人が対象となるのかを見極める

B- Behavior（行動）：オーディエンスに望む行動（信念、理解、コミットメント）を定義する。

C- Content（内容）：メッセージの具体的な内容を作成する。

D- Design（設計）：コミュニケーションの方法、モード、環境を決定する。

E- Evaluation（評価）：望ましい行動を促すためのコミュニケーションの有効性を測定する。

ツール10.3

プログラムマネジメント

プログラムマネジメントに活用してください。

目標／ゴール：具体的で測定可能な結果（SMART）

コンテクスト：
- 目標を達成するために必要な情報
- 目標の背後にある意図
- 目標達成後にどうするか

リソース：チームが利用できる人的、財政的、および業務運用上の資源。並行して作業し、支援、相互依存する領域で活動する他のチーム、グループ、ユニット。

ガイドライン：役割や決定に関して、チームができること、できないこと。チーム間や他のチームとの相互依存関係。

アカウンタビリティ：構造、更新時期、完了時期。

役割と責任：（責任者、説明責任者、相談者、情報提供者）

（ツール10.4）
コーチングとサポート

このフレームワークを使って、あなたのリーダーシップを進化させ、コーチングやサポート関係を結ぶことも可能です。

1．最終状態をまず念頭に置く：目標、ゴール、状況
2．現在の実情を把握する：現状把握
3．強みや障壁への合意：何がうまくいっているのか、何がギャップを生んでいるのか
4．ギャップを埋めるための計画：態度？　人間関係？　行動？
5．実施、モニター、調整：変革と影響

戦術的：
レトロスペクティブ・コーチング：シチュエーションは？　行動は？　結果は？　何がうまくいったのか？　何があまりうまくいかなかったか？　意味合いは？
プロスペクティブ・コーチング：終着点は？　状況は？　障壁／解決すべき問題は？　ギャップを埋める／問題を解決する方法は？

ツール：
360度フィードバックや、より詳細な診断ツールを活用し、改善すべき点を見極める

● 信頼できる第三者（人事、コーチ、コンサルタント、同じ組織にいないメンター）を活用する。
● 信頼できる第三者として、直属の部下、同僚、上司らからフィードバックを得る。
● 効果を高めるために、*維持すべき点*、*停止すべき点*、*開始すべき点*についてフィードバックを求める。
● 第三者と上司によるデブリーフィングを行い、フォーカスする領域、アクション、コーチングのルーチンを決定する。

特別な状況

新しい取締役会の管理

　取締役会は、監督、重要な意思決定の承認、助言を行い、経営陣は、戦略、運営、組織に対する説明責任を果たします。優れた企業は、これらを共に行い、互いの役割と強みを補完し合っています。言うのは簡単です。しかし、さまざまなタイプの取締役会があり、組織を正しく機能させることは、非常に困難です[1]。

取締役会の説明責任と責務

　一般的な原則として、米国の営利企業の取締役会は、「株主の利益のために企業価値を最大化すること」[2]を任務としています。取締役会は、取締役の注意義務および忠実義務に従って意思決定を行い、監督することによってこれを行います。基本的には、取締役はガバナンス、戦略、組織、運用プロセスにおいて、個人的な利益にとらわれず、組織の最善の利益のために適切なビジネス判断を行う必要があることを意味しています。

● ［ガバナンス］：コンプライアンス、財務、経営、法務、リスクなどを考慮した上で、大まかな方針・目標を設定し、厳格なプロセスを監督する

● ［戦略］：戦略的計画、主要な支出および移転行為、重要な資産または企業自体の取得または処分を承認する

---

[1]　George Bradt, 2015, "How Boards and Management Best Create Value Together," Forbes, April 29.
[2]　Corporate Director's Guidebook - American Bar Association. 注）米国の一部の州には株主が前もって説明を受けている限り、利益と社会的利益のトレードオフを許容する法令も存在する。同様に、欧州の取締役会は、「株主」ではなく「ステークホルダー」のために活動している。

- [*組織*]：CEOを雇用、解雇する。トップマネジメントの任命・引継ぎ、CEOおよびトップマネジメントの報酬計画を承認する。取締役会自体の進化・強化を行う
- [*運用*]：必要な財源を得るための計画、年次計画、予算を承認し、組織の公共イメージを維持・向上させるための努力を監督する

さまざまな種類の取締役会への適用性

株式公開会社の取締役会は、株式公開会社の株主を代表するものです。最も厳しい規制と監視の下にあり、取締役会としての時間の大半を監督と意思決定に費やしています。経営者は、これらの取締役会のメンバーの監督と意思決定に必要なものを与え、それを実行する必要があります。

株式未公開会社の取締役会は、非上場会社の所有者を代表するものです。彼らはすべての公的規制や監視の対象ではありませんが、多くの規制の対象となり、すべての所有者の利益のために監督と意思決定を行う必要があります。

民間の非信託会社の取締役会は、支配的なオーナーが受託者責任を維持するため、主に助言と監視の役割を担っています。これらのオーナーは、プライベート・エクイティ・ファーム、家族、または個人であり、彼らの組織は、異なる成熟度、異なる問題や機会を抱えて運営されている可能性があります。「取締役」が受託者責任を負うことがないよう、注意が必要です。経営陣は、公式な取締役会の背後にある影の取締役会に注意を払い、正しい意思決定が行われているかどうかを確認する必要があります。

非営利団体の理事会は、受託業務に加えて、資金調達、個人的な時間の提供、戦略的パートナーとの関係構築、重要なステークホルダーのアドバイザーや代表としての役割など、さまざまな役割を担っている可能性があります。

ともに価値を創造する

PrimeGenesisのパートナーであるロブ・グレゴリーは、「経営陣と取締役会が、それぞれの役割と責任を理解するための基礎となる共有ビジョンや共通認識を持っていれば、ほとんどの人間関係の問題はマネージできる」と述べています。「いつ、何が起こるか」というビジョンを共有することで、取締役が意思決定や監督・支援をするタイミングを明確にすることができます。その際、経営陣は、取締役会メンバーが仕事をするために必要なツールとサポートをいつ、なぜ、どのように提供するのかを知っている必要があります。

最高の価値創造パートナーシップにおいて、経営者は、取締役会メンバーの監督、承認、助言の役割を評価し、取締役会がそれらを適切に行うために必要な情報を提供します。一方、取締役は、監督、承認、助言と説明責任や責任の委譲を混同しないように注意しながら、経営者に経営を任せる必要があります。

このことを念頭に置き、理想的な取締役会の構成は、リーダーシップや業界における経営者の強み、機能的専門性（技術、知的財産、財務、監査、リスク管理、マーケティング、政府との関係、人事、特に報酬）、地理的／グローバルな視点を補うものでなければなりません。取締役会が獲得し、開発し、処分することができる最も重要な資産は、間違いなく取締役会メンバー自身です。

ともに価値を創造するために重要なのは、取締役会と経営陣の緊密なパートナーシップです。それを実現するためには：

1. 成功のビジョン、主要なマイルストーン、最終目標のタイミングを全員が共有していることを確認する
2. 役割、責任、相互依存関係、最適な運用方法を明確にする
3. 役員や経営陣の強みを補完する人材を集め、育成する

経営者、議長、CEO、COO、その他のエグゼクティブチームの間で責任を分担する唯一の正しい方法というものはありません。権限は委譲されます。その権限委譲は、ビジネスの状況や、リーダー同士の信頼関係によって決まります（**図11.1**）。

しかし、Rita's Italian Iceと、同社の支配権を持つ投資会社Falconhead Capitalは、効果的なワーキングモデルを構築しました。Rita's Italian Iceの取締役会議長であるマイク・ロレリ氏が、その役割分担を説明しています。

図11.1　取締役会の役割とマネジメント

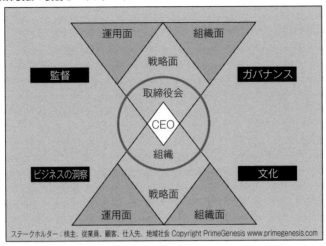

ステークホルダー：株主、従業員、顧客、仕入先、地域社会 Copyright PrimeGenesis www.primegenesis.com

取締役会議長が率先して行うこと：
- 取締役会の運営
- 外部資金（投資家、金融機関）への対応
- 共同事業の追求と関係
- 報酬の実務
- マネジメント開発
- CEO継承
- 戦略的計画ガイダンス

CEOが会社全体の運営を率先して行うこと：
- 戦略的プロセス
- 運用プロセス
- 組織的なプロセス

　うまくいくときは、とてもうまくいくのです。ビル・ゲイツが手を引いてスティーブ・バルマーにマイクロソフトを運営する余地を与え、今度はサティア・ナデラが2014年にその役割にうまく移行したことを考えてみてください。しかし、うまくいかないときは、リーダーについていこうとしている人たち全

員に痛みや苦しみが広がってしまいます。リーダーが自分の責任を整理できなければ、他の人に明確な指示を与えることはできないのです。

まとめると、取締役会議長とCEOの責任分担の目安は以下の通りです。

1. オーナーは取締役会に権限を委譲する。
   議長またはリード・ダイレクターが取締役会を運営する（これは、非業務執行取締役議長の唯一の責任である。取締役会議長は、定義上、会社の従業員であり、CEOの会社のリーダーシップをサポートするために、より積極的な役割を果たす）。
2. CEOは会社を経営する。
3. COO、CFO、CHROなどは、CEOの中核的な業務、戦略、組織プロセスの実行を支援する。
4. これらの人々は、自分が対処するために選んだ人々の能力に対する信頼に応じて、身を乗り出したり、身を引いたりする。

これは一般的なフレームワークとして扱ってください。本当に重要なのは、役割を明確にし、周囲を鼓舞し、力を与え、力を合わせ、共に絶対的な力を発揮できるようにするリーダーシップです。

デロイトの最高経営責任者向けプログラムのチームは2019年に「より戦略的な取締役会への7つのステップ」[3]という論文を発表しましたが、その洞察は読むに値するものです。ただ、論文で指摘された重要な点が埋もれてしまっています。「7つのステップ」では、CEOがリーダーシップを発揮して取締役会を管理し、「相互の尊敬、信頼、支援」に根ざした関係を構築することが重要であると述べています。それこそが重要な点です[4]。

デロイトの7つのステップ

1. CEOとなる方、それは、本当にあなた次第です。取締役会の運営に積極

---

[3] Vincent Firth, Maureen Bujno, Benjamin Finzi, and Kathy Lu, 2019, "Seven Steps to the More Strategic Board," Deloitte Insights, July 8.
[4] George Bradt, 2019, "How to Build Mutual Respect, Trust and Support Between CEO and Boards per Deloitte," Forbes, July 9.

的な役割を果たしてください。

2．大胆不敵に透明で、オープンで謙虚でいましょう。

3．緊張を利用します。議論を通じて成長します。

4．取締役会の会議のファシリテーションだけでなく、取締役会の経験も促進します。時間をかけて関係を構築しましょう。

5．一度選び抜いた情報を、さらに収集・整理します。十分な情報を、しかし多すぎない程度に提供しましょう。

6．重役にするかしないか、注意深く検討します。自分の影響力のレベルを選びましょう。

7．取締役会の構成について自分の意見を言います。時間をかけて正しい取締役会を作りましょう。

　株式未公開会社の取締役会は、株式公開会社の取締役会と比べて、いくつかの理由で異なった雰囲気を持つことがあります。

　第一に、株式未公開会社のメンバーが取締役会の席と議決権の過半数を占めていることです。

　第二に、比較的短期間に売却やIPOによるマネタイズを意図しているため、成果を出す緊急性が平均より高いことです。

　第三に、彼らは詳細なデューデリジェンスを行い、投資セオリーを構築するための作業を行うことによって、事業の成長と価値を生み出すための具体的な優先事項やアプローチについての非常に詳細にわたる全体像を得ます。

　これらのことは、株式未公開会社の取締役会が、戦略的、運営的、そして、組織的なプロセスにおいて経営的に関与することをより強く望んでいることを表しています。

　では、これは、これらのプロセスに対するあなたの責任を放棄することを意味するのでしょうか。いいえ、そのための準備が必要であるということです。ぜひ、準備をしてください。

人間関係

　一方、プロセスを明確にし、役割を明確にしても、取締役会の各メンバーと強い信頼関係を築けなければ、意味がありません。

　「相互の尊敬、信頼、支援」に根ざした関係は、偶然に起こるものではあり

ません。意図的に、時間をかけて、共に築き上げるものです。

リード・ダイレクターから始める

　リード・ダイレクターの主な役割は、CEOが取締役会を管理するのを助けることです。したがって、この関係に優先して投資してください。この関係を強固にしておけば、リード・ダイレクターは他の人材を育成するためのリソースとなります。

尊敬の念

　役員の状況、強み、役割に敬意を払いましょう。彼らがあなたを尊敬できる、あらゆる理由を与えてください。役員の時間を尊重し、可能な限り効果的かつ効率的に貢献できるよう十分学習を支援しましょう。

　あるダイレクターは、「情報が多すぎるのも、少なすぎるのと同じくらい悪いことだ」と述べています。少ない情報を低頻度で提供することは、取締役会を暗闇に閉じ込めるようなものです。逆に、開いてみたら1,800ページもある電子資料で溺れさせるようなことをしても、同じことになります。

　自己満足に陥らないようにすることにも注意しましょう。当初は難題が少なく、承認もスムーズで、一見“楽”な関係でも、それが当たり前になってしまうと、関係が悪化してしまうことがあります。しっかりとしたコミュニケーションを習慣化し、ダイレクターと親しくなる時間を持ち、考え方やモチベーションを深く理解することが大切です。

　新任役員のオンボーディングは、リード・ダイレクターやチームと協力し、以下を含むプランを作成します。

● ビジネスを学ぶ：外部と内部の状況、優先課題、今後の意思決定ポイント
● 人間関係の構築：他の取締役や経営陣と接する
● 取締役会のプロセスと役割：取締役会のプロセスとその役割に期待されることを明確にする

　取締役会のメンバーが揃ったら、「What（何が起こったのか）」「So what（何を意味するか）」「Now what（今後どうするか）」のアプローチが有効な場合があります。何を、どこで、いつ、なぜ、誰が、どのように進めているのかの詳細を示すエグゼクティブ・サマリーを提示しましょう。役員に今後どうするか（Now what）でリードします。指導、助言、意見、ガバナンスやコンプ

ライアンスの遵守、承認のどれを求めているのか。求めているのは意見なのか承認なのか、具体的に説明します。

そして、何を意味するか（So what）についてのあなたの視点を伝えてください。これらは求めた意見や承認情報から導かれたあなたの結論です。

最後に、仮定や論理の根拠を深く掘り下げたい役員には、何の（What）データや情報が必要なのかなど、バックアップを整理します。

取締役を尊重するもう1つの方法は、驚かせないことです。誰も、馬鹿に見えたり、弱く見えたり、情報不足に見えたりするようなサプライズを好みません。役員との関係を構築しましょう。常に情報を提供し、言い訳をしないことです。

最後に、組織の他の人材に対して行っているのと同じように、役員会に対しても将来の育成計画を立ててください。将来的にどのような能力が必要になるかを把握し、必要な才能を持つ役員を採用する計画を立て、実行します。その過程で、役員たちが知識を身につけ、スキルを磨くことで、最適な貢献ができるようにします。

信頼

一面では、これは非常にわかりやすいことです。信頼に足る人物であること、そして相手を信頼するバイアスを持つこと。これは、建設的な異論を利用するための鍵の1つです。デロイトではこう言っています。

> 「取締役会とCEOの間に強力なパートナーシップがあれば、最初は困難な会話と感じるかもしれないものでも、示唆的な対話となり、緊張を和らげ、礼節を守りたいという気持ちから埋もれてしまうかもしれないアイデアや洞察が表面化することがあります」[5]。

サポート

デロイトの論文の著者の一人であるモーリーン・ブジノは、尊敬、信頼、そして支持を得るための鍵は、CEOが「恐れずに透明である」ことと「意見を求めることにオープンである」ことにある、と述べています[6]。しかし、スタンフォード大学ビジネススクールの元学長であるロバート・ジョスは、2002年にJD Power and Associatesが開いた会議で「意見を受け入れる自信を持つリ

ーダーは20％にすぎない」と語っています[7]。

　取締役が、指導、助言、意見を提供するタイミングと、統治、コンプライアンス、承認に関する責任を果たすタイミングを把握できるようにしましょう。

　ブライアン・スミスが『The Fifth Discipline Fieldbook』で提唱している、説得の５つのレベルについて考えてみましょう[8]。

1. **伝える**：あまり議論はしない。私が仕切る。あなたは指示される。
2. **売る**：自分が正しいと思っているので、自分のアイデアを買ってもらうように説得する。
3. **試す**：試したいことがある。あなたがどう思うか興味がある。あなたの反応を測ってみたい。
4. **相談する**：改良を手伝ってほしいアイデアがある。私はあなたの意見を受け入れ、求める。
5. **共創する**：パートナーとして白紙の状態から始めて、一緒にこの問題を解決する。

　まず、２つのアプローチを外すことから始めましょう。一般的に、CEOが取締役会に何をすべきかを*指示*することは有益ではありません。また、取締役会と*共創*するのも良いアイデアではありません（取締役会は、あなたが主導権を握り、解決策の候補とあなたの現在の最善の考えを示してくれることを望んでいます）。つまり、取締役会を説得する最善の方法として、先の５つのレベルでいう『*売る*』『*試す*』『*相談する*』が残されているのです。

ケン・チェノーの２ルック・アプローチ

　アメリカン・エキスプレスの元CEO、ケン・チェノーは、重要なアイデアについて、取締役会に二度見させることを好みました。二度見することで、役員たちがそのアイデアについて考え、意見を交わし、１対１で話し合ってから

---

[5] Firth et al.,"Seven Steps".
[6] 同上。
[7] Robert Joss to George Bradt, verbal correspondence, August 15, 2002.
[8] Peter Senge, Art Kleiner, Charlotte Roberts, Richard B. Ross, and Bryan J. Smith, 1994, *The Fifth Discipline Fieldbook: Strategies and Tools for Building a Learning Organization*. Doubleday.

決定することができます。

> ステップ1：相手の意見を聞く。そして、彼らが自分たち同士や他の
> 　　　　　　人と話したり、オフレコで意見を述べたりできるように、
> 　　　　　　その場を離れる。
> ステップ2：彼らの意見を考慮し、議論を促し、推奨された進むべき
> 　　　　　　方向について彼らの承認を得る。

取締役会の2ステップ

　スミスの「*売る*」「*試す*」「*相談する*」の説得と、チェノーの2ルック・アプローチを組み合わせることで、取締役会を管理する非常に効果的な方法が浮かび上がります（**ツール11.1**）。以下はその手順です。

ステップ1：相談する、または試す

　あなたが改良を手伝ってほしいアイデア、または試したいアイデアを伝えられれば、役員はリラックスできます。決定を下す必要がないことがわかれば、役員はあなたを助けることに集中できます。あなたのアイデアは提案ではなく、あなたの今のベストな考えを示すものであり、他のメンバーはそれを判断することなく、発展させていくことができるのです。

一旦去る

　取締役会に熟考するための時間と空間を与えることは重要です。そうすることで、彼らが本当の考えをあなたに伝えたり、お互いにロビー活動をしたりすることができます。

ステップ2：売る

　次のステップは"売る"であって、"強行採決"ではないことに注意してください。あなたは、その過程で意見を得るでしょう。取締役会で議論できるように、聞いた懸念を共有し、あなたが推奨する進路への承認を求めてください。

シニアリーダーとの協働も

　私たちはこの方法を取締役会のために開発しましたが、あらゆる種類のグループに対して有効です。インプットとディレクションを分離する良い方法です。意見を求めているのか、意見を提供しているのか（その後、意見を受け取った人が決定を下す）、それとも指示（他の人が実行する決定）なのかを明確にすることは、多くの場合に有効です。

Chapter11　まとめ

　取締役会は、監督、重要な意思決定の承認、助言を行い、経営陣は、戦略、運営、組織に対する説明責任を負います。CEOとして、デロイトの7つのステップに従いましょう。

　ここで大いに役立つのが「取締役会の2ステップ」です。

> ステップ1：相手の意見を聞く。そして、彼らが自分たち同士や他の
> 　　　　　　人と話したり、オフレコで意見を述べたりできるように、
> 　　　　　　その場を離れる。
> ステップ2：彼らの意見を考慮し、議論を促し、推奨された進むべき
> 　　　　　　方向について彼らの承認を得る。

　取締役会運営への移行を積極的にマネージするための時間を取りましょう。新しい関係を築き、維持するための時間を確保し、組織の望ましい成果を支えるために取締役会の運営についてリード・ダイレクターと協力し合えるようなスケジュールを計画し、守る必要があります。

　取締役会の運営を助けてくれるリード・ダイレクターを始めとする人間関係に重点を置きましょう。

　すべてのツールの最新版、完全版、編集可能版はprimegenesis.com/toolsでダウンロード可能です。

取締役会の2ステップ

ステップ1の前に、あらかじめ適切な量の情報を与えて、取締役会の準備をします。その際、「ゴルディロックス」（少なすぎず多すぎず）を考慮します。

ステップ1：取締役会と*相談*、または*アイデアを試す*。決定ではなく、意見を求めていることを明確にする。
そして、立ち去る。取締役会に、熟考とあなたと1対1で会話する時間と空間を与える。

ステップ2：自分のアイデアを売り込む。取締役会をリードして最終的な会話をし、彼らの決断を仰ぐ。

Ｍ＆Ａをリードする

　合併や買収などを主導する人々は、価値創造を加速させるためにそれを行います。彼らは、収益が２倍以上になり、初期投資の何倍ものリターンが得られることを期待しているのです。あなたは、その投資を推進・主導しているかもしれません。あるいは、事業そのものをリードしているか、サポート的な役割を担っているかもしれません。いずれにせよ、合併・買収のためのリーダーシップ・プレイブック（戦略集）が必要です。

　このChapterでは、私たちが投資家、リーダー、サポーターとして実践してきた14のステップを紹介します。私たちのアプローチは、「顧客」「人」「コスト」の順で取り組むことです。まず、顧客との関係でどう勝つか。そして、そのために必要なリーダーシップとチームを構築します。そのための資金は、コストダウンでまかないます。

　こうして、私たちは、他社が83％の確率で期待通りの結果を出せない中で、より早く価値を生み出してきたのです。『ハーバード・ビジネス・レビュー』の記事でケニー・グラハムは「70％から90％の買収が失敗する」と述べています[1]。また、KPMGのM＆A調査によると、17％の案件が価値を高め、30％が明確な違いを生み出さず、53％が価値を破壊していることがわかっています[2]。

---

[1]　Graham, Kenny, 2020, "Don't Make This Common M&A Mistake," Harvard Business Review, March 16.
[2]　KPMG Mergers and Acquisitions: Global Research Report, 1999.

M&Aで価値を生み出す14のステップ

ステップ1．まずは**投資案件**、つまりプレイブックを作成する際の核となる部
　　　　　分から始めましょう。

　　　買収や合併に何を求めるのか、それが既存のものとどう整合するのか、
それを得るために何をあきらめるのかを明確にします。そして、視野を広
げてさまざまな可能性を検討した上で、最適な候補を絞り込み、その投資
案件をまとめます。

　　　他の企業を買収し、統合しようとする前に、まず自分の企業を知ること
が一番です。自社の戦略、組織、業務プロセス、そして文化について深い
知識を持つリーダーであれば、自社と他社の強みを組み合わせて活用し、
融合させることができます。

　　　同様に、あなたが事業を展開しているビジネスの状況も理解してくださ
い。あなたの戦略は、あなたがサービスを提供する市場、セグメント、顧
客に関する一連の選択を中心に展開されます。それらを誰よりもよく知り、
理解しましょう。

　　　そして、あなたが求める価値創造を定義できなければ、それは存在しえ
ません。市場、セグメント、顧客、組織、株主、人々にとって望ましい結
果を定義し、投資案件のファンダメンタルズを通じてどのように新しい価
値が創造されるかを定義してください。

　a．会社の現在の価値に見合った公正な対価を支払う

　b．従業員を通じて、お客様とともに売上高を（自然的、非自然的に）成
　　　長させる

　c．オペレーション／オペレーションエンジニアリングの改善、コストダ
　　　ウンを行う

　d．進捗を加速させるために、売上高と当期純利益を伸ばすものに投資す
　　　る

　e．キャッシュフローを改善し、負債を返済する

　f．この価値創造のラウンドが終了したら、退出するか、資本を増強する

ステップ2．望ましい結果が得られないM&Aの83%に含まれるリスクを低減
　　　　　する方法で、**取引**を行いましょう。

数多くの投資のうち、最初にリターンを得る必要があるのは購入価格です。付加価値を生む取引は17%にすぎず、価値を壊す取引は53%であることを考えると、過剰に支払った上に価値を壊す53%の取引に勝つより、十分に支払わずに取引を失う方が良いのです。

　取引の出発点は、現在のキャッシュフローに基づく、その会社の現在の価値に対する公正な評価であるべきです。そうすれば、売り手が築いたものに報いることができ、将来の価値創造をすべて維持することができます。もちろん、現実の世界では、他の人が売り手に将来の推定価値の一部を与える意欲があることもあります。このように、将来の価値創造に対する過大評価とエゴが相まって、人々が入札競争に「勝つ」ために必要以上に入札することは容易に理解できます。

　投資案件の資金調達方法によって、実質的な投資額は異なります。現金以外の資金調達方法を検討しましょう。株式、売り手による資金調達またはアーン・アウト（取引後の分割払い）、ローン、債券、与信枠、つなぎ融資、メザニン（ミドルリスク・ミドルリターンをねらう投資形態）、劣後負債などの債務形態が含まれます。

ステップ3．成功のための重要な要素について**十分に吟味**してください。

　デューデリジェンスは、あなたの仮説を確認するチャンスです。取引に契約破棄料を設定すれば、適切な時に立ち去ることができます。歴史的に見ると、83%の確率でそうすべきだった人たちがいたということです。

　買収する企業の戦略、組織、業務プロセス、文化についてできる限り学びます。第三者の意見を鵜呑みにせず、できる限り早く、積極的に学びましょう。

a．競争上の優位性を高め、インパクトを増大させ、売上高を伸ばすことができるシナジー価値の創造者についての仮説を確認する

b．価値創造企業への投資を促進する相乗的なコスト削減についての仮説を確認する

c．文化的な互換性についてのあなたの仮説を確認する（なぜなら、文化の融合がうまくいかなければ、他のことは問題にもならないため）

d．損が大きくなる前に損切りをすることの利点を明確にした上で、GoかNoかの判断をする

先述の BRAVE ツール（行動・人間関係・態度・価値観・環境）を使って、「カルチャー・デューデリジェンス」の結果を文書化することを検討してください。各要素について、自分の組織がどこに位置するかを定義し、評価する会社についても同じように定義します。この演習は、対処しなければ分裂しかねない文化的差異を明らかにするのに役立ちます。

ステップ４．新しい社員が新しい組織で価値ある参加者となりうるよう、契約が成立するかなり前から**文化的統合**の準備を始めます。

　　合併は、例えるなら「友情」ではありません。「デート」でもありません。「結婚」なのです。ですから、結婚するようにさまざまなことを取り扱わなければなりません。組織的、運営的、戦略的、そして文化的な問題を網羅した詳細な統合計画が不可欠です。私たちは皆、他の組織を買収した後、その組織を完全に別個の組織として運営する組織を見たことがあります。しかし、別々の組織からシナジーを実現することはできません。シナジーは、チームが自分たちを超えて、他者のために解決できる新しい問題に目を向けることによって、共に創り出すものでなければならないのです。

　　多くの合併の成功や失敗の根本的な原因は、文化にあります。その文化的変革を積極的かつ目的意識を持ってマネジメントしましょう。カルチャートランスフォーメーションプランを策定しましょう（文化を発展させる方法についてはChapter 4を参照）。文化をうまく融合させれば、価値が創造されます。そうでない場合は、価値が破壊されます。新しい文化を構成する行動、人間関係、態度、価値観、環境を選択しましょう。主要なリーダーや広い範囲のチームを選ぶとき、あなたは新しい文化に人々を招き入れることを念頭に置き、誰が本当にそれを受け入れているのかに注目します。それは彼らの言動やあり方で見極めることができます。

ステップ５．取引の完了やキックオフの前に、**主要なリーダー**を選びます。ビジョンを共有し、統合オフィスを立ち上げるなどして足並みを揃えます。

　　一人でできるのは失敗だけです。シナジーを追求するためには、メンバー全員が同じ方向に向かってパドリングしている相互依存のチームが必要

表12.1 カルチャー デューデリジェンス

	買収者					ターゲット					
	1	2	3	4	5	1	2	3	4	5	

環境－勝負する場所

職場
リモート、バーチャル、オープン、インフォーマル　　　　対面、クローズド、フォーマル

ワークライフバランス
健康とワークライフネス第一　　　　短期的生産性第一

成功要因
人・人間関係・社会的なもの　　　　技術・機械的・科学的

価値観－何が重要か、なぜ重要か

焦点
人のためになること／ESG　　　　自分にとって良いこと／得意なこと

リスク許容度
より多くのリスクを負う／より多くのものを得る（自信）　　　　現状維持／ミスを最低限にする

学習
オープン／共有／多様性を大切にする　　　　指導／個別／一途

態度－勝ち方

戦略
プレミア価格／サービス／革新性　　　　低価格／低サービス／最低限の実行可能性

（続く）

（続き）

焦点

	買収者					ターゲット					
	1	2	3	4	5	1	2	3	4	5	
競合との差別化											マーケットリーダーへの収斂
姿勢											
積極性／画期的イノベーション											対応的／確実性／安定的な進歩

人間関係—どのようにつながるか

権力・意思決定											
拡散／議論する—問題に立ち向かう											支配的／一元的
多様性・公平性・包括性（DE&I）											
歓迎され、評価され、尊敬される											一緒に仕事する人は我々と同じような人たちだと思っている
コミュニケーション、コントロール											
インフォーマル／口頭／対面											フォーマル／指示／書面

行動—どのように影響を与えるか

ワーキングユニット											
1つの組織、相互依存のチーム											独立した個人、ユニット、グループ
統制・規律性											
流動的／柔軟（ガイドライン）											構造化／規律化（方針）
権限委譲											
鼓舞し、力を与え、力を合わせる／信頼											狭いタスクに専念、／指示

図12.1　コア・フォーカス

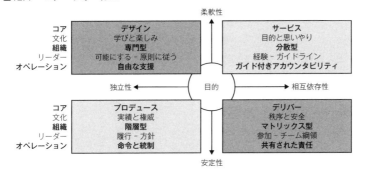

です。これは、スタート前から始まっていなければなりません。

"新しい"経営陣を選び、新組織の中核となるデザイン、プロデュース、デリバー、サービスのいずれかに焦点を合わせて、メンバーを調整します（**図12.1**）。この選択によって、企業文化、組織、仕事の進め方の性質が決まります。

ステップ６．リーダーとともに、顧客、人材、コストの順に焦点を当て、成功のための**計画を立てます。**

準備は自信を育みます。100日プランと365日プランを事前に作成することで、曲がり角に先手を打ち、避けられないサプライズに適応することができます。そして「心を燃やす命題」を考えます。ここで、統合された企業の新しいリーダーたちに、市場、セグメント、顧客で競争し勝つための計画、組織の他のメンバーをどのように参加させるかについて、共同で計画を立ててもらうことになります。

シナジー評価を含む状況評価から、バリュープロポジションを考え、戦略、組織、業務プロセスを加速させる統合プロジェクト計画ステップへと進みます。

次に、より広範なチームを含む新しいステークホルダーをマッピングします。新会社発足時の仮のメッセージを明確にし、発表日、廃業前／新会社発足前・ミーティング、初日、序盤の日々をマッピングします。

ステップ７．**政治**をマネージする：現在のリーダーと新しいリーダーが組織

的・個人的に知っておくべきことです。

　必然的に、ある人は新しい環境から離れることを選ぶでしょう。ある人は、しばらくの間様子を見て、従うでしょう。ある人は貢献し始め、ある人は真剣に取り組み、支持するでしょう。しかし、無関心な人たちにコミットしてもらうことはできません。一人ひとりを一歩ずつ動かしていくしかありません。真剣に取り組む"チャンピオン"が"貢献者"を引き上げる手助けをし、貢献者は"傍観者"を引き上げる手助けをするように仕向け、無関心な人たちがコミットできる他の要因を見つけられるようにします。

　デューデリジェンスで何か（あるいは多くのこと）を見逃している可能性もあります。買収後すぐに、新会社全体で双方向の学習セッションを実施しましょう。そうすることで、チーム作りが加速され、統合における予期せぬ課題が浮き彫りになると同時に、統合されたチームは、努力の結集による可能性と成果に興奮するでしょう。

ステップ8．**段階的な告知**をうまく行い、初期の地雷を回避する。

　言っていること、やっていること、言っていないこと、やっていないこと、すべてがコミュニケーションになります。合併が完了したり、チームが統合されたりする初日には、特にこれが当てはまります。誰もが同じ質問、たった1つの質問をするのです。彼らが知りたいのは、「私にとって何を意味するのか」ということだけです。あなたとリーダーチームは、この質問に答え、レポートライン（「上司が変わるのか」）、責任（「優先順位が変わるのか」）、報酬（「給与、ボーナス体系、福利厚生に変更があるのか」）などの具体的な質問に対処できるように準備しておく必要があります。

　何が起きているかわかりますか？　私たちは8つのステップを踏んで、ちょうど初日にさしかかっています。これは、大工の「二度測って一度に切る」に相当します。注意深く計画を立て、準備することが肝心なのです。

ステップ9．考えていたよりずっと早く、適切な役割に適切な**人材**を配置しましょう。組織の強化：人材の獲得、育成、奨励、計画、移行を行います。

● 獲得：適切な人材を採用し、引き付け、入社させる

- 育成：スキル、知識、経験、技術を評価し、構築する
- 奨励：指示する、支援する、認知する、報酬を与える
- 計画：時間をかけてキャリアの動きをモニターし、評価し、計画する
- 移行：適宜、異なる役割に移行する

　新しい中核的な主題と戦略のレンズを通して、統合された組織のスキルと能力をよく観察し、重要な能力のセットが欠落していないか、あるいは不整合になっていないかを判断します。人材、計画、慣行だけでなく、追求することにした市場、セグメント、顧客において、どの程度のパフォーマンスを発揮しているかに特に注意を払いましょう。存在するギャップを埋めるために、迅速に行動してください。

　まず、ミッションを遂行するために適切な組織と役割を定義することから始めます。それぞれの重要な役割の成功に必要な才能、知識、スキル、経験、技術などの要件を具体的に示し、適切な人材を配置します。
- *生来の能力―生まれ持ったものかそうではないのか*
- *学んだ知識―本や授業、研修で得たもの*
- *実践スキル―意図的な反復練習によって習得したもの*
- *苦労から学んだ経験―実世界のミスから消化し、学んだもの*
- *職人技―芸術的な配慮と感性で巨匠から吸収する「匠の技」*

ステップ10. **チェンジマネジメント**の基本を展開し、周囲を鼓舞し、力を与え、力を合わせます。

　人々の「私にとって何を意味するのか？」という疑問に答えたので、次は彼らを鼓舞し、力を与え、力を合わせることに軸足を置き、効果的に協力して成果達成の約束を果たすよう導きます。

　すべての永続的な変化は、環境・状況または目標・目的の転換点に続く態度・人間関係・行動の文化的変化です。

　成長を支えるために、チームの戦術的能力、つまり、困難で変化する状況下で、戦略を戦術的行動に迅速かつ効果的に反映させ、断固として質の高い対応をする能力に投資します。

ステップ11. **コスト**削減を実現しながら、オペレーション、実行、財務の各プ

ロセスを飛躍的に向上させましょう。

　合併や買収の前に結果を出すことができた業務プロセスは、その後に結果を出す上で十分なものではありません。もしそうであれば、転換点を通過する必要はないでしょう。現在のプロセスを維持・進化させながら、新たに必要なプロセスを重ね、必要なコスト削減と収益増加を実現する方法を検討します。

　基本的には、次の４つのプランを同時に作り、実行し、管理することが必要になります。

● 資源配分と計画（要求事項、供給源、適用範囲）：人的、財政的、技術的、運用的
● 重要なビジネスドライバーを網羅する行動基準
● 行動計画（短期および長期）：行動、手段、マイルストーン／タイミング、説明責任、連動性
● パフォーマンスマネジメント計画：営業・財務のパフォーマンス基準・尺度

ステップ12. **コミュニケーションの継続**：双方のコミュニケーション・キャンペーンに終わりはなく、コミュニケーションをとりすぎることはありません。

　それには、人々に敬意をもって接することです。どのようなコミュニケーションにおいても、感情的な影響を受けている人には感情を尊重するために１対１で聞くようにし、直接影響を受けている人からは、彼らが質問できるように少人数で聞くようにしましょう。

　あなたは、明確かつ頻繁に、個人や感情、合理性を訴えかけるよう、多様な方法を使ってグローバルにコミュニケートしたいと考えることになるでしょう。新しいチームメンバーとの関係を早期に構築することに重点を置きましょう。また、既存チーム内の関係も強化しましょう。聴くことを止めず、常にチームの関心を引き、コミュニケーションを図りましょう。

● 長期的な課題と機会、そして組織全体の優先順位と結果についての報告は、少なくとも四半期ごとにシニアリーダーからもたらされる必要がある
● 中期的問題や機会と主要なプログラムの月次の進捗状況については、

中間管理職から報告される必要がある
- プロジェクトの週次進捗状況やタスクの日次進捗状況とそこから得られる短期的な問題や機会については、現場の上司から報告される必要がある

ステップ13. 投資案件を実現するために、どのように識別し、優先順位をつけ、適切な行動をとるか、途中で**調整**しましょう。

　毎日・毎週・毎月・四半期・毎年にわたり、下記について追跡・評価・調整するためのシステムを導入します。コミュニケーションとオペレーションを混同してはいけません。四半期ごとの決算発表の直前になって物事を急ぐ上場企業のような状況は避け、常に時代の先を読みましょう。

- バランスト・スコアカード：目的地、目標、戦略的リンク、取り組み、測定方法
- 財務（例：売上高、キャッシュフロー、EBITDA、ROIなど）
- 顧客（例：新製品による売上、納期遵守、シェア、顧客集中度）
- 社内業務プロセス（例：サイクルタイム、単価、歩留まり、NPDなど）
- 学習と成長（例：市場投入までの時間、製品ライフサイクル）

ステップ14. **次の段階への準備**、すなわち企業買収の成功、あるいは売却や流動性の確保に備えましょう。

　これは、プラットフォーム企業として、あるいは戦略的買い手への餌として、さらなる成長／変革、次の出口、その他の「イベント」に備えるということです。撤退の準備をするときは、ストーリーを正しく理解することが必要です。

- 戦略的に：自然的な収益成長／その他のM＆A
- 組織的に：購入可能な経営陣／他者にとって価値のある能力
- オペレーション的に：購入可能なインフラ（資産、データ、ITシステム、財務報告）／プロセス／新商品開発力
- 個人的に：次のオーナーにとってかけがえのない存在になる

　そう、あなたは大切な存在です。本当に重要なのは、あなたが他の人にどのように影響を与えるか、そして、あなたたち全員が一緒に作る影響力です。まず、業界の背景や状況を把握することから始めましょう。商業的

価値やその他の価値を創造するために、共通の目的のもと、人、計画、実践を調整します。ここまでお読みいただければ、私たちが必要なコスト削減を行うべきだと考えていることはおわかりいただけるでしょう。それは、統合後の企業の文化、戦略、組織、業務プロセスを強化するために必要なリソースを確保するためです。そうすれば、シナジーの追求はうまくいくはずです。

事業再生を導く

　あなたは、事業再生をリードするよう依頼されました。まず、深呼吸をして、自分が直面していることを理解しましょう。あなたのリーダーシップが試されます。変革の7割が失敗に終わっている今、あなたはその可能性に胸を躍らせるとともに、そのリスクを心配しなければなりません[1]。

　深く考えていく前に、私たちが、「*事業再生*」という言葉を、次のような意味で使うことを記しておきます。それは、急速な変化が求められるさまざまな重要な転換期、つまり、トランスフォーメーション（「徹底的、劇的、持続的な形態の変化」）、アクセラレーション（「立ち止まらず」同じ方向に速く進む必要）、実際の*事業再生*（「突然または予想外の変化、特により好ましい状況をもたらす変化」）です。

　事業再生は、外部要因と内部要因によって引き起こされるもので、皆さんが考えている以上に一般的なものです。外部要因としては、急速に台頭する新技術、地政学的な不安定さ、世界的な健康危機、規制の変更、消費者需要の急速な変化、経済環境の変化、資金力のある新しい競合企業の急速な出現などがあります。内部的には、アクティビスト株主の存在感の増大、プライベート・エクイティ取引の加速化などにより、株主の保有意欲や業績に対する期待値が劇的に高まっています。

　このような重要な移行期は、リーダーが新しい役割を担い、組織がまだその本質を理解していない場合、特にリスクが高く、困難なものとなります。事業再生は、これまで述べてきたすべての問題を悪化させます。あなたには、さら

---

[1]　Rajiv Chandran et al., 2015, "Ascending to the C-Suite," McKinsey Insights, April.

に多くのことが要求されるでしょう。リーダーとしての役割を果たすにあたり、以下の6つの重要な成功要因を意識してください。

1. **声高に発言し、コミュニケートする**：組織やチームは、時間をかけてゆっくりと事業再生が必要な状況に陥っていくという印象があるでしょう。しかし、今日のグローバル経済の厳しい現実では、スター部門が一夜にして低迷し得るのです。もし、事業再生が必要な状況を確認したのなら（会社がやってくれるとは限りません）、そのように宣言し、主要株主の一人ひとりに理解してもらわなければならないのです。

   業績に関する公表データが明らかになる前に、好転を宣言する必要があるかもしれません。チームが感情移入しやすいプライベートな失敗談（大口顧客の喪失、優秀な人材の流出など）を取り上げ、衰退の兆候を示すことで、チームの熱を上げましょう。チームメンバーが情報を吸収し、意味を理解するために十分な時間をかけましょう。しかし、迅速に。事業再生の場面では、これまでとは異なる方法で指揮を執る必要があります。それを呼びかけ、伝えることで、あなたはチームと組織に、変化が素早く訪れることを知らせるのです。

2. **期待値を理解し、一致させる**：事業再生への期待を前もって明確にすることが重要です。そして、縦横斜め（社内外）の全員が、その期待に沿うようにしなければなりません。多くの場合、事業再生はパニックと感情に支配されます。

   リーダーから期待されるのは、しばしば「その部門を軌道に乗せること」です。それは期待ではなく、不明確な願望です。あなたは、事業再生とその後の回復に対する期待の定義を求めなければならず、多くの場合、あなた自身がそれを定義することになります。回復とはどのように定義されるのでしょうか。より多くの収益成長、より高い市場シェア、コスト削減でしょうか？　それとも、より深く掘り下げ、中核となる信念を再考し、業務や組織を変革する必要があることを意味する一連の項目でしょうか？その答えを知り、全員の足並みを揃える必要があります。

3. **迅速かつ果断に行動する**：これまでのChapterで説明したオンボーディン

グのステップに従うのはもちろんですが、できる限り迅速に行動すること
をお勧めします。

　Chapter 2 で紹介したACES分析は、新しい組織とどのように関わって
いくかの指針になるものですが覚えていますか？　事業再生のシナリオで
は、選択肢は2つに限られます。非常に迅速に収斂して発展させるか、衝
撃を与えるかです。

　さらに重要なのは、「心を燃やす命題」です。それは断固としたもので
なければならず、明確に表現され、期待と正確に一致し、すべての人に明
確に理解されなければなりません。

　状況が許す限り、役割分担を迅速に行います（あなたは、新しい役割を
担う新しいプレーヤーが必要になるかもしれないことに気がつくでしょ
う）。そして、マイルストーン管理のプロセスとチェックポイントの頻度
を初期段階からさらに重視します。

4. **過剰なまでにコミュニケーションをとる**：ステークホルダー、特にチーム
　と早期に頻繁にコミュニケーションをとることが不可欠です。事業再生の
　性質上、予期せぬ事態が発生します。あなたは、通常よりも多く評価し、
　場合によっては方向転換を行うことになるので、主要なステークホルダー
　全員と早く頻繁にコミュニケーションをとる努力を倍増させなければなり
　ません。事態が予想以上に悪い場合は、早めに皆に知らせましょう。悪い
　知らせは、時間が経つにつれて良くなるものではありません。

　　逆に、起こっている良いことが埋もれてしまわないようにしましょう。
　勝利と望ましい行動を祝福する方法を探してください。初期の数カ月間は、
　チームと毎週タウンホールミーティングを行うことが賢明な方法です。

　　最後に、これまで聴いたことのないような聴き方をすることをお勧めし
　ます。あなたのチームは現場にいるのですから、状況を一変させるような
　洞察や情報を共有してくれるでしょうし、それによって業績回復を早める
　ことができます。頻繁に質問し、耳を傾ける。そして、それを繰り返すの
　です。

5. **イノベーションのために過剰投資をする**：リソースを惜しんではいけませ
　ん。不採算事業の体質を変えるために、投資をしなければならないのです。

その投資とは、新しい人材、技術、設備かもしれません。しかし、それが何であれ、必要不可欠な投資を遅らせることで、事業再生の妨げにならないようにしましょう。

　一方、工場の閉鎖やオフィスの移転、従業員の解雇など、多額のリストラ費用を伴う厳しい決断を迫られることもあるでしょう。そのような選択は、できるだけ早く行いましょう。

　特に、イノベーションに十分な資源を投入することに留意してください。あらゆる形態のイノベーション（製品、チャネル、サプライチェーン、人材）は、事業再生を成功させるための魂であり、存続しうる結果を実現するチャンスです。イノベーションは、より良く、より早く、より安く、あるいは完全に有利に物事を行うことを可能にします。十分にイノベーションのために投資しているかを確認してください。

6. **謙虚に加わり、自信を持って去る**：事業再生の場面では、さまざまな感情が交錯します。失敗を好む人はいません。誰も人前で失敗することを好みません。もし、あなたが事業再生をリードするよう依頼されたなら、誰もがリーダー交代の理由を知っているはずです。スピード重視のあまり、チーム内に潜む感情、失望、恥ずかしさなどを見過ごしてしまわないように、謙虚に、そして丁寧に状況を把握することが大切です。

　前任者を中傷したり、失敗を強調したりすることは、あなたのリーダーシップを弱め、傷に塩を塗り、悪意を生むだけで、あなたやチームにとって何ら有益なことではありません。その代わり、謙虚に、思いやりをもって臨みましょう。成功のイメージを素早く共有し、チームのメンバー全員が再建の一翼を担っていると感じ、自分たちのために何ができるかを知ることができるようにするのです。そうして、このChapterで説明したステップに従えば、あなたはすぐにチームから信頼と自信を得ることができ、ビジネスの勢いも増すことでしょう。

　これらを踏まえて、次の５つの基本構成要素を展開することで、好転する状況を加速させることができます（**図13.1**）。

図13.1　基本構成要素

評価と計画	戦略	組織	オペレーション
変革の触媒： 状況／展望 現在のベストな 考え方	包括的な戦略 戦略的優先事項 文化の変化	将来の能力計画 即時役割分担 リーダーシップマインドセット	リーダーシップのアプローチ マネジメントのリズム インセンティブ

目的志向の学習とコミュニケーションの継続

①**触媒を定義する**：状況の変化を評価します。*何が変化せず、何が変化したのか、その理由は？　変化の必要性を推進する触媒は何か？　それはどんな意味なのか？　さて、あなたは何をしなければならないか？*

  a．変化のきっかけを理解する（内部的には志の変化、文化や人材に関する弱点など。また、外部的には、顧客動向、競合状況、サプライチェーン、規制などの条件変更など、さまざまな要因がある）。理解と賛同が広範に得られていることを確認する。

  b．ミッション、ビジョン、ゴール、目標、戦略、文化、組織、オペレーションに必要な変化について、現在の最善の考えを構築する。何がすでに配置されていて、何を改めて設定する必要があるのかを理解する。

  c．転換期を乗り切るために、組織の*戦略的な整合性を確保する*ための青写真を作成する。

  d．*変革推進室を設置する。*できればトップリーダー以外の人物が率いることが望ましい。この投資により、取り組みに集中力と厳密さがもたらされ、日々のマネジメントに逆戻りするのを回避することができる。

　変革推進室の主な機能は、マイルストーン管理（チームの説明責任、連携、成果を維持すること）と、社内コミュニケーション（一貫性があり、厳密に管理されたメッセージングプラットフォーム〈連絡共有手段〉を構築すること）です。このような構造により、リーダーはビジネス全体（「変革」とそれ以外）をリードすることができるのです。

　変革推進室には、深い経験と広い視野を持ち、対人関係において信頼できる人物を選ぶと良いでしょう。この役割をフルタイムで独立させるか、シニアリーダーの一人のプライオリティに組み込むかは、あなた次第です。後者を選択した場合、その人が事業再生に大半の時間を費やせるよう、日常的な責任を補填するようにしてください。

②**勝つための戦略を再構築する**：企業のコア・フォーカス、すなわち中核的な差別化要因、新しい包括的戦略、ゴール、目標、戦略的優先事項、成功要因、能力、および文化について合意します。これらは、ミッションやビジョンと密接にリンクしていなければなりません。また、ミッションやビジョンも、変化に照らして関連性を見直す必要があります。

a. **重要なこと**：コンテクスト、企業のコア・フォーカス、包括的戦略、ゴール、目標、戦略的優先順位、戦略的成功要因と能力、そして文化について合意を得ること。つまり、整合をとり、焦点を合わせ、期待と成果（物）を明確にし、リーダー陣のコミットメントと管理能力を確保する。

カルチャーシフトのために：

 i. 目指すべきことの要素を挙げる。
 ii. リーダーシップのスタイル、仕事の進め方、相互作用の方法、コミュニケーション（双方向）の方法について、**継続すべきことや強化すべきこと**を決定する。
 iii. **何をやめるか**を決める。
 iv. **何を始めるか、何を変えるか**を決定する（前述）。

　事業再生を主導し、短期的な成果を上げるための機能を継続する必要のあるリーダーにとって、リーダーとしての能力は重大な問題です。これは、リーダーとしての意志、リーダーとしてのスキル、そしてタイムマネジメントの組み合わせから生まれるもので、一般的には、優先順位の厳格化、プロジェクト管理の支援、「次の下層レベル」での業務責任の分担、機能別業務手順の精錬などが必要とされます。理想的には、これらに対する特別なサポートがあれば、リーダーたちは、変革のリーダーシップを自分の役割の「一部」として受け入れることができ、変革を確信することができます。

b. **変革のためのコミュニケーション戦略**：18カ月というスケジュールで、組織内に必要な変化を伝え、組織の深い関与を得るためのマルチチャネルプログラムを開発する。チームを「適応する」段階から「貢献する」段階、そして「コミットする」段階に沿って移行させていく。これは、方向転換の第二段階であり、変革のオーナーシップを組織全体

に移譲する作業である。

提供する必要があること：

ⅰ．透明性／賛同／貢献の機会

ⅱ．社内コミュニケーションに規律を持たせ、変革のイニシアチブとビジネスにおける他の重要な項目の点と点を結びつけ、チームに負担をかけることがないように情報を伝えたいという思いとのバランスを取る。

ⅲ．経験豊富で、人脈があり、信頼できる中間管理職が取り組みをリードすること。

ⅳ．ポジティブな行動と小さな（初期の）成功を強化する方法─組織を信じさせるには、できるだけ多くの人に見えるように、小さなポジティブな勢いをたくさん作ること（手段）が必要。

c．**リーダーシップの指針**：変革の間、常に

ⅰ．リーダーチームの新しいモデルを構築する。再生に向けた取り組みに十分な時間を割くことができるよう、手順やシステムを打ち立てる。共通の理解、ゴール、インセンティブでチームを団結させる。チームワーク、コラボレーション、説明責任など、望ましい行動を定義し強化する。トランジションを成功させるためには、このグループが一致団結する必要がある。

ⅱ．意図的であれ。あなたがすること、しないことのすべてがコミュニケーションになる。

ⅲ．自分のリーダーとしてのメッセージは、議論、発表、報告、学習の枠組みとして使用する。

ⅳ．双方向のコミュニケーションを促す。真に優れた聞き手となる。

ⅴ．コア・バリューを体現し実践し語る（Be.Do.Say）。すべてのコミュニケーションに埋め込む。

ⅵ．安定したコミュニケーションのリズム（何を、いつ、どのように）を確立する。

ⅶ．勢いの良いコミュニケーションの流れを作るために質問を使う─例：「他に誰がこれを知っておく必要がありますか？」

ⅷ．コミュニケーションは多いに越したことはない。「コミュニケー

ション最高責任者（CCO）」を楽しむことを学ぶ。

　　　ix．双方向のコミュニケーションで学んだことは、計画的にフォロー
　　　　　アップする。

③**成功のために組織を再編成する**：新しい戦略に沿って、新しい組織体制と
　将来の能力計画を作成します。即座に役割分担を決め、適切であれば、個
　人の移行を加速させます。皆の考え方をガイドするために、適切なフレー
　ムワークを導入します。

　　　組織を、専門型、階層型、マトリックス型、または分散型と適切な構造
　にし、その組織プロセスを一気に転換し、人材の獲得、育成、奨励、計画、
　移行（トランジション）などの能力を拡大します（Chapter 9 参照）：

　a．組織と個人の将来的な能力計画：事業再生などの重要な転換期には、
　　　市場の方向性や新しい社内能力を構築する必要性に沿って、新しい役
　　　割が求められることが多い。例としては、顧客経験担当責任者（チー
　　　フ・カスタマー・エクスペリエンス・オフィサー）、チーフ・イノベ
　　　ーション・オフィサー、チーフ・データ・オフィサー、チーフ・ブラ
　　　ンド・オフィサー、あるいはチーフ・トランスフォーメーション・オ
　　　フィサーなど。よく検討し、自分たちの状況に合った役割を設定する。

　b．後継者育成計画

　c．危機管理計画

　d．即時の役割分担。ビジネスの劇的な変化には、しばしば新しい異なる
　　　考え方が必要とされる。内部昇進、新規採用、一時的な専門家の役割
　　　の活用など、多様な視点をチームに取り入れることに気を配る。

　e．必要に応じて個々の移行を加速する。

④**オペレーションのリズムを強化する**：新しいアプローチ、フロー、マネジ
　メントのリズムを確立し、優先事項を毎年、プログラムを毎月、プロジェ
　クトを毎週、適切に追跡・マネージしましょう。望ましい行動には、イン
　センティブで報いるようにし、望ましくない行動には、注意を喚起し是正
　します（Chapter 7 ～ 9 参照）。

　a．自分のリーダーシップアプローチの選択：事業のコア・フォーカスに
　　　基づいて自身のリーダーシップアプローチを選び（促進型、強制型、

引き出し型、経験に基づくアプローチ）、それを適切な運用アプロー
チ（自由な支援の解放、指示命令、責任の共有、ガイド付きアカウン
タビリティ）と組み合わせる。

b．四半期ごとの優先事項、月次プログラム、週次プロジェクトにわたっ
て対応するマネジメントリズム、マイルストーン管理、および早期の
成功を実装する。

　ここからが本番です。既存のマイルストーン管理プロセスが機能してい
れば、それを利用することができますし、必要であれば新しいプロセスを
導入することもできます。プロセスを管理するプロセスマネージャーと変
革推進室を任命しましょう。そして、以下を明確にします：

● **方向性**：目標、望ましい結果、意図
● **リソース**：人的、財政的、技術的、運用的
● 戦略的なガイドラインの範囲内で戦術的な決定を行うための**明確な権限範囲**
● **説明責任**と結果：パフォーマンスの基準、期待される時間、成功と失
敗の際の、ポジティブ・ネガティブな結果

　1つのリーダーチームと1つのビジネスであるため、マイルストーンに
は現在のプロジェクトと変革の優先事項を含める必要があります。

　*早期の成功*は、追加のリソースが与えられたプロジェクトに見出すこと
ができます。これによって、新しいとか特別な仕事ということよりも「早
期に」結果を出したということが、チームに自信を与えるのです。

　チームへの全員参加、チームのキックオフ、および初期のプロジェクト
のマイルストーン管理を確保するために、いくつかの最も重要な取り組み
を下部組織に下ろしていくプロセスを実行します。

　まずは、プログラムの進捗を毎月、プロジェクトの進捗を毎週、タスク
の進捗を毎日追跡してください。

⑤**学習とコミュニケーションを埋め込む**：新しいオペレーションのフローと
マネジメントのリズムに沿って、目的に応じた学習とコミュニケーション
の取り組みを展開します。これは、一過性のイベントではなく、継続的な
取り組みです。

戦略的な事業再生を加速させるには、戦略、組織、オペレーションを段階的に変化させ、慎重に連動させることが必要です。ジョン・ヒレンとマーク・ネヴィンズが『What Happens Now?』[2]の中で述べているように、同じことをより多く行うには、より大きな能力と複雑さが必要であり、異なることを行うには、新しい能力と洗練が必要です。順調に成長しているのであれば、技術的、機能的な知識をもって、仕組みや構造、プロセス、システムを進化させることで済ませることができるでしょう。しかし、転換期をリードするには、新しいマインドセット、能力、そして政治的、個人的、戦略的、対人的な強みを生かした行動が必要です。

　ヒレンとネヴィンズは、失敗するリーダーは複雑さを付加し、成功するリーダーはより洗練さを追加すると指摘しています。そして、その洗練された考え方の1つに、異なるタイミングで異なる考え方を適用することが挙げられます。状況によって、成功を可能にする人（チーフイネーブラー）、強化者、巻き込む人、顧客体験（カスタマーエクスペリエンス）のチャンピオンのいずれかがリーダーとして必要とされます。

　これをまとめると、Chapter 6で紹介したコア・フォーカスの図に戻ることになります。その選択を意図的に行い、適切に進めてください。

私にとって何を意味するのか？

　事業再生のどの段階においても、組織やエコシステム（組織生態系）に関わるすべての人が「これは自分にとって何を意味するのか？」という疑問を持っているはずです。それは、他のことに注意を向ける前に、答えなければならない1つの質問です。リーダーとして、あなたはこの質問に早く、頻繁に答えられるよう準備しなければなりません。この質問は常につきまとうものですから、コミュニケーションプランの各要素を推進し、確実に対処する必要があります。この質問に対する回答は、心を燃やす命題、ミッション、ビジョン、バリュー、役割分担の分析、そして望ましい行動を強化するためのインセンティブの中に

---

[2]　John Hillen, and Mark Nevins, 2018, *What Happens Now?: Reinvent Yourself as a Leader Before Your Business Outruns You*. SelectBooks

見出すことができます。しかし、この問いに対する答えは、一人ひとりにとって極めて個人的なものです。

　事業再生の性質上、あなたはチームをせき立てる必要があります。それは、速いペースで、ダイナミックに、絶え間ない調整と挫折、そして勝利に満ちていることでしょう。方向性が決まったら、あなたの最も重要な役割は、チームに寄り添い、サポートすることです。彼らは寄り添いとサポートを必要としています。このChapterに書かれているステップを踏んで、チームのニーズを把握し、それに応えることができれば、あなたが再建を成功させる可能性は大きく広がります。

Chapter13　まとめ

　事業再生のリーダーとしての役割を担うにあたり、これら6つの重要な成功要因を意識してください。

1．声高に発言し、コミュニケートする
2．期待値を理解し、一致させる
3．迅速かつ果断に行動する
4．過剰なまでにコミュニケーションをとる
5．イノベーションのために過剰投資をする
6．謙虚に加わり、自信を持って去る

　そして、次の5つのステップを踏んでください。

1．**触媒を定義する**：状況の変化を見極め、変化のきっかけを明確にする。
2．**勝つための戦略を再構築する**：企業のコア・フォーカス、ミッション、ビジョン、ゴール、目標、新しい全体戦略、戦略的優先事項、成功要因、能力、文化について合意する。新しい戦略が意味する変化の度合いを理解し、計画する。
3．**成功のために組織を再編成する**：新しい戦略に沿った新しい組織構造と将来の能力計画を作成する。この取り組みを開始し、維持するためには、新しい役割（正社員と臨時社員）が必要になる可能性が高い。

4．**オペレーションのリズムを強化する**：新しいアプローチ、フロー、マネジメントのリズムを導入し、優先事項を毎年、プログラムを毎月、プロジェクトを毎週、適切に追跡・管理する。

5．**学習とコミュニケーションを埋め込む**：新しいオペレーションのフローとマネジメントリズムに沿って、目的に応じた学習とコミュニケーションの取り組みを展開し、1年半のスケジュールで変革をリードする。

危機を切り抜ける

100時間アクションプラン

　エグゼクティブ・リーダーのための*100日間アクションプラン*は、リーダーとそのチームが、通常6〜12カ月かかることを100日でやり遂げるための順を追った方法論です。危機や災害が発生した場合、この時間枠ではとても間に合わず、通常だと数週間から数カ月かかることを100時間で終わらせる方法が必要です。そのためには、逐次的なアプローチではなく、反復的なアプローチが必要です。その規律ある反復について、以下に詳述します。

　リーダーシップとは、周囲を鼓舞し、力を与え、力を合わせることです。さらに、イギリスの哲学者カーヴェス・リードが提唱した「正確に間違っているよりも、漠然と正しい方が良い」[1]という考えと、ダーウィンの「種の中で生き残るのは、最も強い者でも、最も賢い者でもなく、変化に最も敏感な者だ」[2]という指摘を加えて、危機を切り抜けるリーダーシップとは、「漠然と正しく、そして方向性やリーダー、役割を明確にしながら途中で適応するために他者を刺激し、可能にし、力づけること」ではないだろうかと考えています[3]。

　危機を切り抜けるリーダーシップは、全体の目的に沿った規律ある反復の3つのステップで展開されます。

1. **事前に準備をする**：起こりうるシナリオを想定しておけばおくほど、危機が訪れたときに備えができ、自信を持つことができます。

---

[1]　Carveth Read, 1989, "Logic: Deductive and Inductive," Grant Richards, London, June.
[2]　チャールズ・ダーウィンの作とされる。
[3]　George Bradt, 2019, "Learnings from Boeing's 737 Max, Coca-Cola, and Procter & Gamble on Crisis Management" Forbes, March 21.

2. **出来事に反応する**：事前準備をしたのは、皆さんが直面する状況に迅速かつ柔軟に対応できるようにするためです。考えすぎないでください。準備したことを実行しましょう。

3. **ギャップを埋める**：危機的状況では、望ましい状態と現状との間にどうしてもギャップが生じます。そのギャップを埋めることで、それを是正しましょう。

● 状況─現在の危機への対応策を実施する
● 反応─将来の危機に対応するための能力を向上させる
● 予防─将来起こりうるリスクを減らす

　その際、最終的な目的を常に念頭に置いてください。危機を単に切り抜けるのではなく、危機を切り抜けるために、短期、中期、長期のすべての行動を、最終目的から導き出す必要があるのです。危機は組織を変えます。危機の最中に行う選択が、中核となるビジョンや価値観から離れず、目的と目指すべき文化に向かわせるような形で、組織を変えることを確認してください。

　ツール14.1では、それぞれの重要なステップを掘り下げて説明しています。

事前準備

　事前準備とは、全般的な将来性を含めた能力（capability）やすぐに対応可能な能力（capacity）の構築であり、特定の状況に対する知識ではありません。ほとんどの場合、最も起こりやすく、最も破壊的なタイプの危機や災害のうち、備える価値のあるものは限られています。それらを考え抜き、訓練を行います。人々が遭遇するであろう特定の状況に柔軟に適用できるよう、全般的な教訓を把握しましょう[4]。

　また、災害が発生したときに展開できるようにリソースを準備しておきましょう。

---

[4] ジョン・ハラルドは、災害対応にはディシプリン（構造、教義、手順）とアジリティ（創造性、即興性、適応性）の両方が必要であると主張している。John Harrald, 2006, "Agility and Discipline : Critical Success Factors for Disaster Response," The ANNALS of the American Academy of political and Social Science,604,256.

- 早期のコミュニケーションプロトコル（手順）を含む危機管理プロトコルの確立
- 危機管理チーム（リーダー、役割分担を明確にしたもの）の編成と訓練
- 人的・財政的・業務的リソースの事前配置

　危機的状況では多くの場合、以下の1つまたは複数が組み合わさることがあります。
- 物理的・身体的な危機（最優先事項。最初に対応する必要あり）
- 評判に関わる風評被害や危機（第二優先事項。物理的な脅威の後、金銭的な脅威の前に対処する）
- 財務上の危機（第三優先事項）

物理的な脅威や危機とは：
- 自然界：地震、地滑り、火山噴火、洪水、サイクロン、伝染病など
- 人為的なもの：土砂崩れ、火災、輸送事故、産業事故、油流出、核爆発・放射線、戦争、意図的な攻撃など

　*評判・風評被害の脅威や危機*は物理的な脅威や危機への対処方法によって引き起こされる可能性があります。あるいは、あなたや組織内の他の人が行った選択、外部からの介入、または以前は気づかなかったことに対する突然の認識から生じる可能性もあります。
　*財務上の脅威や危機*は、バリューチェーンにおける混乱から発生します。供給、製品やリソース（現金を含む）、製造、問題、販売や需要の途絶、サービスの途絶などです。
　さて、話を戻して、準備のためにすべき3つのことを見ていきましょう。

1. **危機管理プロトコルを確立する**：危機が発生したとき、誰が何をするのかを計画します。一般に、最初の対応者は、人や財産に対する差し迫った物理的脅威に対処する必要があります。

　　a．他者や自分自身へのさらなる脅威を排除するために、場所を確保する
　　b．怪我をした人や負傷した人に直ちに援助を行うか、またはトリアージ

システムを設定し、最も援助の恩恵を受けることができる人に焦点を
　　絞る
　ｃ．通信プロトコルを作動させる

　通信プロトコルは２つのパートに分かれます。パートⅠのプロトコルは、物理的な問題を扱います。パートⅡは、評判の問題に対処するものです。パートⅠのプロトコルは、誰がいつ情報を得るかを明確にするものです（多くの不必要な支援が組み込まれています）。また、より多くの人に、より早く情報を提供しなければならないという思いを持っておく必要があります。

　パートⅡのプロトコルは、正式な外部コミュニケーションに関するものです。最低限、一人の主要なスポークスパーソン（およびバックアップ）のメッセージとコミュニケーションポイントを明確にする必要があります。Forbes Agency Councilの「広報の危機マネジメントにおける13のゴールデンルール（13 Golden Rules of PR Crisis Management）」[1]にある３つの包括的な考え方に従うと良いでしょう。

● 自ら招く危機を回避し、他者に対処するために、強固な組織ブランド文化を醸成する
● モニター、計画、コミュニケーションを行い、潜在的な危機を常に警戒する。危機が発生したら、積極的に透明性を保ち、ストーリーを先取りし、ソーシャルメディアからの反発に備える
● 責任を持つ。自分自身の危機を人間らしく受け止める。まず理解しようと努め、思慮に欠ける反射的な反応を避け、謝罪する。火に油を注ぐのではなく、助けになるような行動をとる

２．危機管理チームを特定し、訓練する：プロトコルは、それを適用するための訓練を受けていない人には、あまり役に立ちません。最初に対応する人たちが応急処置やトリアージの訓練を受けていることを確認します。コミュニケーターが危機におけるコミュニケーションの訓練を受けていることを確認し、いつ誰に連絡すれば良いのか、いつ危機管理プロトコルを発動すれば良いのかを知らせます。
　　ボーイング737マックスの墜落事故から私たちが学んだことの１つは、

危機管理プロトコルが何年も前に発動されるべきだったということです。潜在的な問題があることを知りながら、それに対処しないことを選択した者がいたのでした。

3. **人材、資金、経営資源を事前に配置する**：人材には、指示、トレーニング、リソースが必要です。各拠点に、現金を使う権利を持つサイトリーダーがいることを確認してください。応急対応要員に救急キットを持たせてください。

出来事への反応

私たちの闘争本能や逃走本能は、このような瞬間に備えて進化してきました。もし、チームに闘争本能や逃走本能があるのなら、それを開放し、事態に対応させましょう。これこそ、準備の苦労が報われる瞬間です。

そのためには、過剰反応や過小反応を避けつつ、いつ、どのように反応するのが適切なのかを知っておくことが重要です。

ギャップを埋める

第一応答者は訓練に沿った対応をすべきですが、複数のグループによる無作為・本能的で協調性のない行動は、混乱を悪化させることを心に留めておいてください。とてつもなく詳細な状況判断が、非常に詳細な計画に反映され、うんざりするほど過剰な管理層による承認を待つことによってすべてを停止することは、耐え難いほどの遅すぎる事態につながります。

望ましい方法論は、加速する前に一旦停止して、思考と計画を漠然と早く正しいものにすることです。そして、規律（構造、教義、プロセス）とアジリティ（創造性、即興性、適応性）の組み合わせでギャップを埋めるために動き出しましょう[5]。

状況把握の質問（物理的、政治的、感情的な背景を考慮すること）
● 何が起きたのか、その影響（事実）について、私たちは何を知っていて、何を知らないのか？

---

[5] 同上

- 私たちが知っていること、知らないことの意味（結論）は何か？
- 何（どんなシナリオ）が起こりそうなのか？
- 私たちが自由に使える資源や能力（アセット）は何か？　ギャップは？
- どのような点で優位に立てるのか？

目標・意図

　これらの質問に対する答えを持って、状況の目的と意図を考え抜き、選択します。危機を切り抜けるために望まれる結果は何か？　望ましい最終状態は何か？　これは方向性を示す重要な要素であり、大きな問題です。

　例えば、ガラス製水筒のキャッパーが故障し、ネジ山の部分を削ってガラスの破片にしてしまったケースでは、(1) 被害を食い止める、(2) ブランドを守る、という目標・意図がありました。

優先順位

　赤十字は、災害の被災者を救済する活動を行っています。その際、避難所、食料、水、医薬品、精神的サポートなどの優先順位は、災害の種類によって異なります。例えば、冬に火事で家が燃えてしまった場合には、避難所が優先されます。一方、資源が汚染された場合は、きれいな水の確保が最優先されます。これらの例は、個々の状況や危機の各段階における優先順位を考え抜くことの重要性を示しています。緊急事態を隔離し、封じ込め、コントロールし、安定化させるための選択は、中期的な対応（リソースを適切な場所に配置し、必要な支援を時間をかけて提供すること）の優先順位とは異なる可能性が高いでしょう。また、危機や災害の被害を修復し、再発を防止するための優先順位も異なるでしょう。まず「どこに焦点を当てるか」という問いに対する答えを得ることで、優先順位の選択が明確になり始めます。そして、それらをおそらく一連のミーティングから始めて、すべての人に伝えます：

- 現状とニーズ、すでに達成されたことを振り返る
- 目標、意図、優先順位、段階ごとの優先順位の決定に合意する
- 行動計画、マイルストーン、役割分担、コミュニケーションポイント、計画、プロトコルに合意する

これらは、本書の本文で説明したものと同じ構成要素です。しかし、危機は、より順次的なアプローチを用いるよりも、反復的なアプローチを用いる方がより良く管理できます。このため、戦略、オペレーション、組織のプロセスを同時に緊急始動させ、物事を完結に理解し、そして、その過程で新しい情報に対応するために、初期のミーティングを推奨します。

望ましい姿と現状のギャップを埋める

サポートチームメンバーは、計画実行の支援をしながら、同時に多くの情報を収集します。状況評価と中期的な優先順位付けと計画を完了します。マイルストーン更新セッションを毎日、または必要に応じてもっと頻繁に実施します。

- 成功、学習、助けが必要な分野に焦点を当てたアクションプランの進捗状況を更新する
- 状況判断を更新する
- 計画を繰り返し調整し、継続的な調整が期待されることを強調する

すべての主要な関係者に対して、あらゆる段階で過剰なほどのコミュニケーションをとりましょう。状況や情報が変化するにつれ、メッセージや主なコミュニケーションポイントも変化します。そのため、組織内、パートナー組織、一般市民との間で頻繁にコミュニケーションを更新する必要性が高くなります。一人のスポークスマンを通してできるだけ多くの情報を流すことで、誤報を減らすことができます。この重要性を過小評価しないでください。

その過程では、感情的、合理的、そして周囲を鼓舞するようなコミュニケーションが必要です。

- **共感的に**：あなたの話を聞く人とつながり、危機が彼ら個人に及ぼしている影響に対して共感する
- **合理的に**：冷静沈着、丁寧かつ権威的な口調と態度で、現状の厳しい事実を詳細に説明する
- **心を揺さぶるように**：先を見据え、楽観的な未来像を描き、解決策となる実践的な行動を呼びかけることで、相手に自信と落ち着きを与える

ハドソン川に不時着した飛行機を覚えているでしょうか。副操縦士のジェフ・スカイルズは、離陸した飛行機が鳥の群れに遭遇し、両エンジンを失ったとき、「責任者」として操縦していました。そのとき、チェズレイ・サレンバーガー機長が、「私の機体です」と言って操縦を引き継ぎました。「あなたの機体です」というスカイルズの言葉に続いて、サリー（サレンバーガー）が機体をハドソン川に無事着陸させました。パイロットは一度に一人しか指揮を執ることができず、二人の人間が同時に同じ飛行機を操縦しようとしても、うまくいきません。危機管理・災害対策も同じです。どのような取り組みや要素であっても、一度に担当できるパイロットは一人しかいないのです。特に、状況の変化によって組織内外の役割や意思決定権が変化する場合には、誰がどの時点で何をし、誰がどのような決定を下すのかを明確にし、再確認することが実施における重要なポイントです。サリーとスカイルズのフライトのように、引き継ぎが確実に行われるようにしましょう。

事後評価（アフターアクションレビュー）

　危機の終了後、事後評価を実施し、以下を確認します。
- 実際に何が起こったのか？　予想されたことと比べてどうだったか？
- 私たちはどのような影響を与えたのか？　それは私たちの目標に対してどうだったのか？
- 特に効果的だったことで、もう一度行った方が良いことは何か？
- 次回、リスクの軽減や対応において、もっとよくできることは何か？

危機的状況下でのオンボーディング

　新しいポジションに就くエグゼクティブは、組織を収斂し、発展する必要があります。それは、かなり困難な出発点となるでしょう。

　メッセージを管理し、方向性を定め、チームを作り、勢いを持続させ、結果を出すために方向転換します。しかし、もしあなたが危機の真っ只中に不時着した新人リーダーなら、プロセスと並行して、（1）すぐに助けに行く、（2）みんなと一緒に学ぶ、（3）時間をかけてリーダーシップを発揮することが必要です[6]。

　平常時であれば、新しい組織への配属を手助けしてもらうことは、ある程度の弱さを出しながら関係を築くことに最適な方法です。しかし、危機的な状況

では、すべてが一転します。人々は怯え、混乱し、圧倒されています。あなたが助けを求めるよりも、助けを提供しに来てくれるほうが、より感謝されることでしょう。個人的な支援者ではなく、チームとしての支援者になりましょう。

1. すぐに助けに行く

危機が訪れると、マズローの階層はリセットされ、誰もが生理的欲求→安全欲求→所属欲求→自尊心欲求→自己実現欲求の段階を再び積み重ねなければならなくなるのです。未来に目を向ける前に、現在の現実に対処しなければならないのです。

さらに悪いことに、ハーバード大学のダッチ・レナードが「リーダーのための危機管理」というセッションで説明したように、新型コロナのような大規模な緊急事態では、誰も何をすべきなのかわかりません。私たちは皆、合理的に対処するには、はるかに多くのストレス、あまりにも足りない能力、あまりにも少ない知識を抱えた環境で活動しています。彼が言うように、このような状況での効果的なリーダーシップには、「恐怖に埋め込まれたストレスの下での迅速な革新」[7]が必要になってくるのです。

危機がどのように展開するのか、組織がその後どうなるのかは誰もわからないため、誰もが同じ不利な立場にあります。彼らは、あなたのオンボーディングを支援することはできません。しかし、彼らを助けることに集中すれば、必要な余力を提供することができます。あなたのためではなく、彼らのためにスタートするのです。

2. みんなと一緒に学ぶ

本書の冒頭で述べたエチオピアとケニアでの運転の違いのように、各企業はそれぞれ異なる条件で運転しています。そのため、衝突を避けるためには、社内の他の人たちから仕組みを学ぶ必要があります。

しかし、危機に瀕したときのそれは、何も知らない国の新しい道路

6　George Bradt, 2020, "Hot Landings: Starting a New Leadership Role During a Crisis," *Forbes*, April 2.
7　Herman B. "Dutch" Leonard et al., 2020, "Crisis Management for Leaders Coping with Covid-19," Harvard Kennedy School Program on Crisis Leadership, April.

で加速しながら道を聞こうとする人たちと一緒に走行中の車に飛び乗るようなものです。彼らは、あなたに交通ルールのオリエンテーションをするために減速するつもりはありません。皆、一緒に学んでいるのです。彼らから学ぼうとしないでください。一緒に学ぶのです。

3．時間をかけてリーダーシップを発揮する

効果的なクライシス・リーダーシップの核心は、目的（ミッション、ビジョン、バリュー）に基づき、以下のステップを繰り返し行うことです。

1．物理的、感情的、評判的、政治的、経済的な観点から新しい状況やシナリオを見つめ直す
2．短期的な目標と意図に合意する。物理的・身体的な安全性を第一に、評判を第二に、金銭的な影響を第三に重視することを忘れないようにする
3．何をするか、選択肢を考える
4．各オプションのリスクの重さと結果を予測する
5．どの選択肢を優先させるかを選ぶ
6．それぞれの優先事項について、責任を負うべきリーダーを明確にし、何をいつまでに、誰が、どのようなリソースで行うかを決める
7．実行し、モニターし、反復する

危機的な状況では、すべての人が何をすべきかを一緒に考えようとします。答えを持っているふりをするよりも、パワフルな質問をすることのほうが価値があります。そして、より深く学び、役割と期待を明確にし、他者の信頼を得ることで、あなたのリーダーシップが発揮されるのです。

（1）依頼されたことに耳を傾け、実行する、（2）議論に意見を提供する、（3）推奨する、（4）決定する—という4つのステージで考えます。

ステージからステージへの移行のタイミングは、科学というより芸術の域に達するでしょう。上司やチームメンバーとの関係性の変化に合わせて、タイミングを計ってください。

Chapter 14　まとめ

　危機を切り抜けるリーダーシップとは、明確な方向性を示し、リーダーシップをとりながら、その役割において、周囲を鼓舞し、力を与え、力を合わせることであり、物事を漠然とではあるが正しいと思われる方向に迅速に進めながら、その過程で反復的に適応させることです。その3つのステップは以下の通りです。

1. **事前に準備をする**：準備は自信を生む。自社の危機管理プロトコルを考え、リソースを事前に準備する。危機管理チームを編成し、訓練する。
2. **出来事に反応する**：準備したことを活かして、その場その場で迅速かつ柔軟に対応する。そのためには、初期に多くの過度な監視を行わず、準備したことを実行させるというマネジメント側の勇気が必要。しかし、対応する側が「悲鳴を上げてしまうまで待つ」のではなく「早めに助けを求める」姿勢を浸透させることが重要である[8]。
3. **ギャップを埋める**：望ましい状況と現状、対応能力、予防のギャップを埋め、より多くの情報を同時に収集しながら、目的を持った優先順位の高い計画を実行できるよう、チームメンバーをサポートする。

---

[8]　Chris Saeger, 2010, Discussion at American Red Cross, May.

参考文献

Berman, William, and Bradt, George. 2021. *Influence and Impact: Discover and Excel at What Your Organization Needs from You Most*. Hoboken, NJ: John Wiley & Sons.

Bradt, George. 2011-2022. *The New Leader's Playbook*, articles on www.Forbes.com.

Bradt, George, and Bancroft, Ed. 2010. *The Total Onboarding Program: An Integrated Approach to Recruiting, Hiring, and Accelerating Talent Facilitators*. San Francisco: Pfeiffer.

Bradt, George, and Davis, Gillian. 2014. *First-Time Leader: Foundational Tools for Inspiring and Enabling Your New Team*. Hoboken, NJ: John Wiley & Sons.

Bradt, George, and Pritchett, Jeffrey. 2022. *The Mergers & Acquisition Leader's Playbook: A Practical Guide to Integrating Organizations, Executing Strategy, and Driving New Growth after M&A or Private Equity Deals*. Hoboken, NJ: John Wiley & Sons.

Bradt, George, and Vonnegut, Mary. 2009. *Onboarding: How to Get Your New Employees Up to Speed in Half the Time*. Hoboken, NJ: John Wiley & Sons.

Brown, Brené. 2010. "The Power of Vulnerability." TED Talk video, 20:19. June. http://www.ted.com/talks/brene_brown_on_vulnerability.

Buckingham, Marcus, and Clifton, Donald. 2001. *Now, Discover Your Strengths*. New York: Free Press.

Chandran, Rajiv, de la Boutetier, Hortense, and Dewar, Carolyn. 2015. "Ascending to the C-Suite." McKinsey Insights, April. http:// www.mckinsey.com/insights/leading_in_the_21st_century/ ascending_to_the_c-suite?cid=other-eml-nsl-mip-mck-oth-1505.

Charan, Ram, Drotter, Stephen, and Noel, James. 2001. *The Leadership Pipeline: How to Build the Leadership-Powered Company*. San Francisco: Jossey-Bass.

Covey, Steven. 1989. *The 7 Habits of Highly Effective People*. New York: Simon & Schuster.

Coyne, Kevin, and Coyne, Edward. 2007. "Surviving Your New CEO." *Harvard Business Review*, May.

Crabtree, Steve. 2013. "Worldwide, 13% of Employees Are Engaged at Work," Gallup, October 8. http://www.gallup.com/poll/165269/worldwide- employees-engaged-work. aspx.

Dattner, Ben. 2011. *The Blame Game: How the Hidden Rules of Credit and Blame Determine Our Success or Failure*. With Darren Dahl. New York: Free Press.

Deutsch, Clay, and West, Andy. 2010. *Perspectives on Merger Integration*. McKinsey, June.

Duck, Jeannie Daniel. 2001. *The Change Monster: The Human Forces That Fuel or Foil Corporate Transformation and Change*. New York: Three Rivers Press.

Eliot, T. S. 1943. "Little Gidding." In *Four Quartets*. New York: Harcourt Brace Jovanovich.

Gadiesh, Orit, and Gilbert, James L. 1998. "Profit Pools: A Fresh Look at Strategy." *Harvard Business Review*, May.

Gladwell, Malcolm. 2005. *Blink: The Power of Thinking Without Thinking*. Boston: Little, Brown.

Groysberg, Boris, Hill, Andrew, and Johnson, Toby. 2010. "Which of These People Is Your Future CEO? The Different Ways Military Experience Prepares Managers for Leadership." *Harvard Business Review*, November.

Guber, Peter. 2008. "The Four Truths of the Storyteller." *Harvard Business Review*, January.

Harrald, John R. 2006. "Agility and Discipline: Critical Success Factors for Disaster Response." *The Annals of the American Academy of Political and Social Science* 604 (March): 256-272.

Hastings, Reed. 2009. "Culture." SlideShare. August 1. http://www.slideshare. net/reed2001/culture-1798664.

Heffernan, Margaret. 2012. "Why Mergers Fail." CBS Money Watch, April 24. http://www. cbsnews.com/news/why-mergers-fail/.

Hillen, John, and Nevins, Mark. 2018. *What Happens Now?: Reinvent Yourself as a Leader Before Your Business Outruns You*. SelectBooks.

Hilton, Elizabeth. 2001. "Differences in Visual and Auditory Short-Term Memory." *Undergraduate Research Journal* 4. https://www.iusb.edu/ugr-journal/static/2001/hilton. php.

Lao-tzu. 2003. *Tao Te Ching*. Translated by Jonathan Star. New York: Tarcher.

Linver, Sandy. 1983. *Speak and Get Results: The Complete Guide to Speeches and Presentations That Work in Any Business Situation*. With Nick Taylor. New York: Summit.

Maslow, Abraham H. 1943. "A Theory of Human Motivation." *Psychological Review* 50 (4): 370-96.

Masters, Brooke. 2009. "Rise of a Headhunter." *Financial Times*, March 30. www.ft.com/cms/s/0/19975256-1af2-11de-8aa3-0000779fd2ac.html.

Neff, Thomas J., and Citrin, James M. 2005. *You're in Charge, Now What? The 8 Point Plan*. New York: Crown Business.

Neilson, Gary L., Martin, Karla L., and Powers, Elizabeth. 2008, "The Secrets to Successful

Strategy Execution." *Harvard Business Review*, June, 60.

Schein, Edgar. 1985. *Organizational Culture and Leadership*. San Francisco: Jossey-Bass.

Senge, Peter M. 1990. *The Fifth Discipline: The Art and Practice of the Learning Organization*. New York: Doubleday/Currency.

Senge, Peter M. 1994. *The Fifth Discipline Fieldbook: Strategies and Tools for Building a Learning Organization*. Boston: Nicholas Brealey.

Watkins, Michael. 2003. *The First 90 Days: Critical Success Strategies for New Leaders at All Levels*. Boston: Harvard Business School Press.

ジョージ・B・ブラット　George B. Bradt

　新しい仕事の始め方に関する革命を起こした人物で、プロクター・アンド・ギャンブル、コカ・コーラなど世界各国の企業で営業、マーケティング、一般管理職を歴任し、J.D.パワー社では、電力情報ネットワーク部門を分離独立させ、最高経営責任者に就任。現在は、2002年に設立したエグゼクティブオンボーディンググループ、PrimeGenesisの会長として、リーダーやチームの複雑なトランジション（移行）を加速させている。それ以来、ジョージと彼のパートナーたちは、新任リーダーの失敗率を40%から10%未満に減らし、リーダーとチームが最初の100日間で、より良い結果を出せるよう、ひたむきに取り組んでいる。

　ハーバード大学とウォートン大学（MBA）を卒業したジョージは、オンボーディングとリーダーシップに関する11冊の本、フォーブスでの750以上のコラム、19の演劇とミュージカル（本、歌詞、音楽）の共著者でもある。メールアドレスはgbradt@PrimeGenesis.com。

　その他、以下はリーダーシップとオンボーディングをテーマにした著書。

- *The Merger & Acquisition Leader's Playbook: A Practical Guide to Integrating Organizations, Executing Strategy, and Driving New Growth after M&A or Private Equity Deals*（Wiley, 2022）
- *Influence and Impact: Discover and Excel at What Your Organization Needs from You the Most*（Wiley, 2021）
- *First-Time Leader*（Wiley, 2014）
- *Onboarding: How to Get Your New Employees Up to Speed in Half the Time*（Wiley, 2009）
- *The Total Onboarding Program: An Integrated Approach*（Wiley/Pfeiffer, 2010）
- *Point of Inflection*（GHP Press, 2022）
- *CEO Boot Camp*（GHP Press, 2019）
- *The New Job 100-Day Plan*（GHP Press, 2012）
- *The New Leader's Playbook*（GHP Press, one volume each year 2011-2021）
- *Executive Onboarding*（GHP Press, four volumes, 2020）

ジェイミー・A・チェック　Jayme A. Check

　PrimeGenesisの創業パートナーであり、シニアエグゼクティブのトランジションについての第一人者。フォーチュン500社、新興企業、プライベートエクイティ、ベンチャーキャピタルなどで経営陣やアドバイザリーとして活躍し、リーダーシップについてグローバルな視点を提供している。高成長で変化の激しい環境において、戦略、オペレーション、文化の変革をリードする深い専門知識で評価されている。ウォール街のJPモルガンでキャリアをスタートし、その後、いくつかの高成長企業で営業、事業開発、経営全般の上級管理職を歴任。

　2004年以来、ジェイミーはクァンタム グローバル パートナーのCEOとして、世界中の企業に戦略的方向性、プランニング、実行、シニアインテリジェントマネジメント、および結果に基づくコーチングとリーダーシップ開発を提供している。

　シラキュース大学で理学士号を、UCLAアンダーソンスクールでMBAを取得。*Bloomberg Businessweek*, Fox Business, *Talent Management* magazine などに記事や意見を寄稿しているほか、講演者や司会者としても人気がある。メールアドレスはjcheck@PrimeGenesis.com。

ジョン・A・ローラー　John A. Lawler

　PrimeGenesisのCEO。それ以前は、プライベート・エクイティの支援を受けた3社のCEOを務め、さまざまな業界でビジネスと文化の転換をリードしてきたほか、LexisNexisでグループ社長として、買収、投資、統合を通じて高成長リーガル・テクノロジー・ビジネスの新部門を立ち上げ、Martindale-HubbellではCEOとしてデジタル変革を成功に導いた。キャリア初期には、Bear Stearns社で投資銀行家として活躍し、Dun & Bradstreet社では事業転換と成長戦略を主導した。

　リーダーシップとビジネス・コンサルタント、変革型CEO、取締役、コーチとして実績があり、その経験を生かして、リーダーが組織的またはM&Aによって成長を加速させ、優れたリターンを生み出すことを支援している。米州、欧州、アジアで豊富な経験を持つ。ウィリアムズ・カレッジで学士号、ヴァージニア大学でMBAを取得。メールアドレスはjlawler@PrimeGenesis.com。

中原孝子　Nakahara Koko

　ATD認定CPTD。株式会社インストラクショナルデザイン代表取締役。国立岩手大学卒業後、米コーネル大学大学院にて、教育の経済効果、国際コミュニケーション学等を学び、その後、慶應義塾大学環境情報学部武藤研究室訪問研究員として、インターネットを利用したデータマインニングやeラーニングなどの研究に携わる。

　米系製造販売会社、シティバンク、マイクロソフトにてトレーニングマネージャーとして活躍後、2002年5月株式会社インストラクショナルデザインを設立。ATD（Association for Talent Development）インターナショナルメンバーネットワークジャパンの理事（現副代表、元代表）も務めている。

　人材開発を取り巻く環境に求められるプロフェッショナル要件の変遷とともに、研修実施や設計をする者にとってのグローバルスタンダードとも言えるインストラクショナルデザインを紹介したいという思いでインストラクショナルデザイン社を立ち上げ、ATDの活動に積極的に携わってきた。インストラクショナルデザインだけではなく、人事・人材開発の重要な機能としての人々のパフォーマンス支援を重視したパフォーマンスコンサルティング業務（パフォーマンス分析〜施策選定〜測定〜チェンジマネジメント）も行っている。ATDの認定資格者CPLP（Certified Professional in Learning and Performance）としてその研鑽を重ね、理論と実践を兼ね備えたパフォーマンスコンサルタントとして金融から医薬品、製造業、IT企業、国際機関など幅広い分野にそのコンサルティングを提供してきている。

　JMAM発行の『人材教育』『Learning Design』など人材関連雑誌への寄稿をはじめ、啓蒙のための記事も多数。翻訳書として『HPIの基本』（ヒューマンバリュー出版）、『データドリブン人事戦略』『AI革命が変える人材開発』『ラーニングデザイン・ハンドブック　仕事の流れの中で学びを設計する』（日本能率協会マネジメントセンター）があり、日本におけるインストラクショナルデザインおよびパフォーマンスコンサルティングの第一人者。

　2008年からは、ATDの国際カンファレンスをはじめとし、インド、マレーシア、ブラジル、台湾、韓国、オランダなど人事関連の国際カンファレンスで

もスピーカーを務めるなど、国際的に活躍中。2017年5月にはATD国際カンファレンスにて、"Machine Learning and AI-Will They End L&D as We Know It-"と題して、AI関連技術によって新しい段階に入った人材開発の役割変化への認識を喚起するパネルディスカッションを行った。

エグゼクティブ・リーダーのための
100日間アクションプラン

2023年10月10日　初版第1刷発行

著　　者 —— ジョージ・B・ブラッド、
　　　　　　ジェイミー・A・チェック、
　　　　　　ジョン・A・ローラー
翻 訳 者 —— 中原孝子
　　　　　　©2023 Nakahara Koko
発 行 者 —— 張 士洛
発 行 所 —— 日本能率協会マネジメントセンター
　　　　　　〒103-6009　東京都中央区日本橋2-7-1 東京日本橋タワー
　　　　　　TEL　03(6362)4339（編集）／03(6362)4558（販売）
　　　　　　FAX　03(3272)8127（販売・編集）
　　　　　　https://www.jmam.co.jp/

装　　丁 —— 山之口正和（OKIKATA）
本文組版 —— 株式会社明昌堂
印 刷 所 —— シナノ書籍印刷株式会社
製 本 所 —— 株式会社新寿堂

ISBN 978-4-8005-9145-6　C2034
落丁・乱丁はおとりかえします。
PRINTED IN JAPAN